Initiative PPTE :
Quels enjeux pour l'Afrique ?

Etudes Africaines

Collection dirigée par Denis Pryen

Déjà parus

Pasteur José BINOUA, *Centrafrique, l'instabilité permanente*, 2005.
Albert M'PAKA, *Démocratie et administration au Congo-Brazzaville*, 2005.
Jean-Pierre PATAT, *Afrique, un nouveau partenariat Nord-Sud*, 2005.
Robert Edmond ZIAVOULA, *Le Congo, enjeu territorial et développement local*, 2005.
Mwayila TSHIYEMBE (sous la direction de), *La transition en République Démocratique du Congo : bilan, enjeux et perspectives*, 2005.
Paul SONI-BENGA, *Les non-dits des violences politiques du Congo-Brazzaville*, 2005.
domi Jean Marie DORÉ, *Résistance contre l'occupation en Région Forestière. Guinée 1800-1930*, 2005.
Mamadou Dian Cherif DIALLO, *Répression et enfermement en Guinée. Le pénitencier de Fotoba et la prison de Conakry de 1900 à 1958*, 2005.
N'do CISSÉ, *Les rites initiatiques chez les Sénoufo*, 2005.
François DURPAIRE, *Les Etats-Unis ont-il décolonisé l'Afrique noire francophone ?*, 2005.
Eugénie MOUAYINI OPOU, *Le Royaume Téké*, 2005.
Dominique QUENUM, *Ouidah au coeur de son destin*, 2005
Pierre ERNY, *L'éducation au Rwanda au temps des rois*, 2005.
Placide MOUDOUDOU, Jean-Paul MARKUS, *Droit des institutions administratives congolaises*, 2005.
Gabriel HAMANI, *Les Notables Bamiléké de l'Ouest-Cameroun : rôle et organisation dans les institutions traditionnelles*, 2005.
Axel Eric AUGÉ, *Le recrutement des élites politiques en Afrique subsaharienne*, 2005.
Albert KALONJI, *Congo 1960 – La sécession du Sud-Kasaï*, 2005.
J.-M.K. MUTAMBA MAKOMBO, *Patrice Lumumba correspondant de presse (1948-1956)*, 2005.

Octave JOKUNG NGUENA

Initiative PPTE : Quels enjeux pour l'Afrique ?

L'Harmattan
5-7, rue de l'Ecole-Polytechnique ; 75005 Paris
FRANCE

L'Harmattan Hongrie
Konyvesbolt
Kossuth L. u. 14-16
1053 Budapest

Espace L'Harmattan Kinshasa
Fac. des Sc. Sociales, Pol. et
Adm. ; BP243, KIN XI
Université de Kinshasa - RDC

L'Harmattan Italia
Via Degli Artisti, 15
10124 Torino
ITALIE

L'Harmattan Burkina Faso
1200 logements villa 96
12B2260
Ouagadougou 12

www.librairieharmattan.com
e-mail : harmattan1@wanadoo.fr

ISBN : 2-7475-9086-0
EAN : 9782747590860

INTRODUCTION

Au début du troisième millénaire, la dette extérieure des pays en voie de développement (PVD) était évaluée à environ 2550 milliards de dollars, soit plus de 35% de leur revenu. Dette majoritairement détenue par des créanciers officiels issus des pays du Nord et organismes financiers multilatéraux tels que le Fonds Monétaire International, la Banque Mondiale ainsi que leurs structures affiliées. Cette situation alarmante compromet la réalisation des huit objectifs de développement du Millénaire qui consistent à (1) réduire l'extrême pauvreté et la faim, (2) assurer l'éducation primaire à tous, (3) promouvoir l'égalité des sexes et l'autonomisation des femmes, (4) réduire la mortalité infantile, (5) améliorer la santé maternelle, (6) combattre le VIH/Sida, le paludisme et d'autres maladies, (7) assurer un environnement durable et (8) mettre en place un partenariat mondial pour le développement. L'initiative *Pays Pauvres Très Endettés* dite PPTE lancée en 1996 au Sommet du G7 de Lyon conjointement par la Banque Mondiale et le Fonds Monétaire International et renforcée en 1999 lors du Sommet du G7 de Cologne a pour objectif de ramener le service de la dette à un niveau *raisonnable* et de permettre ainsi aux pays concernés de lutter efficacement contre la pauvreté d'une part et de relancer leur croissance d'autre part. L'essentiel des pays éligibles à l'initiative fait partie de l'Afrique subsaharienne (34 sur les 42 pays concernés dans le monde) qui s'illustre par sa marginalisation et sa paupérisation. Cet état est la résultante des différentes politiques menées dans les pays africains au cours des quatre dernières décennies avec le concours ou non des organismes de Bretton Woods. Politiques pour l'essentiel conduites pendant les vingt dernières années et concomitantes aux chocs pétroliers d'une part et aux crises économiques mondiales d'autre part.

Les solutions adoptées par le passé pour simultanément relancer les économies des pays africains et développer le continent ont été le plus souvent d'origine externe. Il s'agissait entre autres de plans d'ajustement structurel renforcés ou non conduits sous la houlette du Fonds Monétaire International (FMI) et de la Banque Mondiale (BM). Les résultats de ces actions sont contrastés pour ne pas dire en deçà des attentes ayant été placées en elles. Simultanément des actions d'origine interne ont été menées à l'image de la création d'union douanière, d'union économique régionale ou encore d'union monétaire. La forme ultime étant toutefois une émanation de la zone CFA. Les résultats sont également contrastés.

A l'orée du 21eme siècle, la situation de l'Afrique s'avère critique à plusieurs égards. A l'image de l'indice de développement humain (IDH) qui se situe en 2002 entre 0,273 (rang 177) pour la Sierra Léone et 0,745 (rang 92) pour la Tunisie, avec une moyenne de 0,465 pour l'Afrique subsaharienne tandis que la Norvège occupe le premier rang avec un indice égal à 0,956. En ce qui relève de l'espérance de vie à la naissance, elle est en moyenne de 46,3 années dans cette partie du continent et oscille entre 32,7 ans en Zambie et 72,7 ans en Tunisie pour l'ensemble du continent africain. Ce, alors que l'espérance de vie la plus élevée se trouve au Japon avec 81,5 années. D'autre part, plus de la moitié de la population du continent vit sous le seuil de pauvreté. Parallèlement, le fardeau de la dette se fait de plus en plus pesant et de moins en moins supportable. A la fin de l'année 2004, la dette extérieure du continent africain était évaluée à 275 milliards de dollars dont plus du quart est dû aux institutions multilatérales et aux gouvernements étrangers. La part revenant aux institutions multilatérales s'établissait à 78 milliards de dollars. L'Afrique subsaharienne quant à elle comptabilisait une dette extérieure de 223 milliards de dollars dont quatre-vingt-dix pour cent à long terme. La part revenant aux institutions internationales et aux gouvernements étrangers s'élevait à 198 milliards de dollars. Pour le continent africain, la dette représentait en 2004 environ 43,4% de son produit intérieur brut (PIB) tandis qu'au niveau de l'Afrique subsaharienne, elle correspondait à 46,7% du PIB. La gestion de la dette externe africaine s'avère être un des challenges à relever dans l'avenir d'autant plus que les intérêts qu'elle a générés pendant la décennie 1990-2000 représentaient plus de 100% de l'encours total tandis que le service de celle-ci culminait à 26,8 milliards de dollars en 2004.

L'échec patent des politiques d'ajustement, la paupérisation du continent et l'alourdissement de la charge de la dette ont conduit les acteurs en présence à réagir et proposer de nouvelles solutions.

Il s'agit de l'initiative multilatérale PPTE, de l'initiative bilatérale C2D et du NEPAD. Les deux premières étant d'origine externe tandis que la dernière est d'origine interne. Nous nous intéresserons plus particulièrement à l'initiative PPTE, dans le cas de l'Afrique subsaharienne, qui est exemplaire dans la mesure où elle fait intervenir pour la première fois les gouvernements concernés, les bailleurs de fonds et les populations des pays impliqués. Il est question de réduire, voire d'annuler la dette des pays éligibles à l'initiative. Dans tous les cas, le service de la dette de ces pays devra être ramené à un niveau jugé supportable, c'est-à-dire n'obérant pas les chances de développement et les possibilités de réduction de la pauvreté. Se posera alors avec acuité la problématique de la gestion des sommes ainsi libérées.

L'annulation pure et simple de la dette mènerait à générer une *asymétrie d'information* entre les pays prudents dans leur gestion et les pays dispendieux dans la leur. De plus, les pays dispendieux bénéficieraient d'une aide plus importante que les pays prudents et nous serions en situation de *sélection adverse* dans la mesure où les meilleurs seraient pénalisés de ne pas s'être plus endettés. Situation qui traduit l'incapacité des bailleurs de fonds à discerner les pays prudents des autres *ex-ante*. L'annulation totale de la dette peut en outre créer une situation de *hasard moral* car tout pays bénéficiaire d'une annulation intégrale peut inconsciemment être tenté de s'endetter sans se préoccuper du remboursement. Dans ce cas, le caractère des pays emprunteurs s'en trouvera modifié *ex-post*. On peut aussi avancer que cette annulation complète serait un signal négatif en direction des marchés de capitaux qui seraient moins enclins à prêter au pays bénéficiaire de l'annulation et surtout les ressortissants de ce pays auraient d'énormes difficultés à trouver des financements sur les marchés financiers internationaux. D'autre part, la conséquence immédiate de cette annulation intégrale sur les pays riches serait l'accroissement brutal des flux annuels d'aide au développement à plus de 1,8% de leur produit intérieur brut (PIB). Ce qui est improbable compte tenu de l'inertie dont ils font preuve pour honorer l'engagement pris par eux à l'endroit des Nations Unies de faire passer ce pourcentage à 0,7%.

L'éligibilité à l'initiative PPTE est déjà en soi un signal émis par le pays en direction de la communauté internationale et traduit la mise en œuvre de réformes économiques réussies sous l'égide des plans d'ajustement structurel. Après avoir atteint le « point de décision » au titre de l'initiative, il s'agira donc de mettre en place une stratégie de réduction de la pauvreté avec la participation de la société civile et ensuite de présenter un ensemble de mesures permettant de stimuler la croissance économique. Cette étape achevée et une fois le « point d'achèvement » flottant atteint, le FMI et l'IDA (Association pour le Développement International) du Groupe de la Banque Mondiale accorderont un allégement de la dette. Les membres du Club de Paris et d'autres bailleurs bilatéraux feront de même.

Cette réduction optimale implique une réduction partielle positionnant le stock de la dette à un niveau permettant à ces pays de pouvoir assurer leurs dépenses publiques minimales avec un service de la dette réduit combinant la prise en compte des risques de *hasard moral* et de *sélection adverse*. Lesquels s'en trouveront ainsi abaissés par le fait de ne pas avoir totalement annulé ladite dette. En outre, en finançant les investissements en biens collectifs, il faudra veiller à ce que cette nouvelle forme de financement issue de la réduction de la dette ne vienne pas se substituer à l'aide au développement qui devra continuer de jouer un rôle moteur. On pourrait imaginer que cette aide au développement soit davantage dirigée vers des investissements privés. Dans cette optique, la réduction de la dette et l'aide au développement ne doivent pas être substituables. Dès lors, interviendra la question de la mise en application d'une telle mesure ainsi que celle de l'assurance de l'utilisation à bon escient du résultat de la réduction de la dette. Tout comme celle des effets positifs de cette même réduction au niveau de la lutte contre la pauvreté.

Au total, sous réserve que les 38 pays retenus (sur les 42 PPTE) atteignent le « point de d'achèvement » et compte tenu des mécanismes d'allègement traditionnels, ce sont près des deux tiers de la dette exprimée en valeur actuelle nette (VAN) des pays éligibles qui devraient être annulés, soit 58 milliards de dollars. Plus de la moitié de ce montant correspondra à des mesures traditionnelles prises par les créanciers bilatéraux couplées à des annonces bilatérales complémentaires. Le reste proviendra de l'initiative PPTE stricto sensu. Au 30 juin 2005, 27 pays dont 23 situés en Afrique ont atteint le « point de décision » et l'allègement approuvé par les bailleurs de fonds s'établit à 32 milliards de dollars exprimé en valeur actuelle nette.

En amont, se trouve le concept de *bonne gouvernance* concernant le respect des droits de l'Homme, les principes de droit, l'affermissement de la démocratie et la promotion de la transparence ainsi que le bon fonctionnement de l'administration publique. De cet état de chose naît le souci de décentraliser afin d'impliquer plus efficacement les populations concernées. Les lois de décentralisation couplées à la déconcentration des services publics semblent être la solution idoine. Encore faut-il que cette *déconcentralisation*, excusez ce néologisme, qui ne dit pas son nom, soit effective et surtout appliquée efficacement et sans arrières pensées politiques. Le rôle de l'Etat doit être redéfini car sa présence dans l'arène socio-économique s'avère nécessaire. L'Etat revêt l'habit tant du régulateur que celui du facilitateur de l'activité économique et sociale.

Les enjeux de l'initiative PPTE ne sont donc pas uniquement financiers mais également politiques, stratégiques, sociaux et humains. Le présent essai a pour objectif d'en présenter les lignes fondatrices, d'examiner les écueils qui ne manqueront pas de s'ériger, de donner un cadre formel à la mise en place de cette initiative et surtout de l'inscrire dans un espace plus vaste, à savoir celui du développement et de la croissance. Cadre dont la complétude se fera par l'appropriation du concept tant galvaudé de *bonne gouvernance* qui sera décliné en *bonne gouvernance* économique d'une part et *bonne gouvernance* sociale d'autre part.

Le Cameroun, locomotive de l'Afrique centrale, est un pays emblématique tant au niveau économique que socio-politique. Il s'impose comme le pays par excellence pouvant être utilisé à titre illustratif tant les enjeux, les difficultés et les opportunités générés par le lancement de l'initiative PPTE y sont présents. Et ce, d'autant plus que ce pays a déjà atteint le « point de décision » mais peine à atteindre le « point d'achèvement ».

L'exposé se fera en quatre temps. Tout d'abord, nous présenterons le contexte actuel de l'Afrique subsaharienne et son édification au cours des quatre dernières décennies. Puis, nous mettrons en exergue les opportunités et les menaces de l'initiative PPTE en décrivant son processus. Ensuite, fort des éléments précédents nous présenterons et analyserons les enjeux inhérents à ladite initiative. Enfin, en étudiant le cas du Cameroun nous proposerons une dizaine de recommandations permettant l'atteinte du « point d'achèvement » et favorisant l'appropriation des concepts de *bonne gouvernance* économique et de *bonne gouvernance* sociale.

Remerciements. Je remercie mon institution l'Edhec Business School pour les conditions dont j'ai bénéficié pendant la rédaction de cet ouvrage. Mes remerciements s'adressent aussi à Affito Agbadan, Jean-Bernard Boyabé, Jacqueline Jokung Nguéna, Serge Jokung et Isabelle Séqueira pour leurs suggestions et remarques. Je remercie en sus le Professeur Joseph Mboui et son épouse Honorée Bassog pour leur soutien. Je n'oublie pas les officiels, les amis et les partenaires au sein de plusieurs associations pour les échanges fructueux que nous eûmes. Toutefois, tout ce qui est écrit dans cet ouvrage est de ma responsabilité.

Chapitre 1

LE CONTEXTE

1. Introduction

La situation de l'Afrique subsaharienne à l'orée du troisième millénaire résulte de la conjonction de différents facteurs et diverses politiques d'essence tant interne qu'externe qui ont été appliquées durant les quarante dernières années. Il appert que cette partie du monde détient environ 0,5% du produit national brut mondial, qu'elle représente moins de 2% du commerce mondial et qu'elle attire un peu plus de 1% des investissements directs étrangers. Par contre, son endettement s'élève à plus de 223 milliards de dollars, soit 46,7% de son produit intérieur brut en 2004. Certes, l'on pourrait légitimement se demander comment y est-on parvenu et à qui incombent les responsabilités ? Néanmoins, notre propos ici se limite à dresser succinctement l'état des lieux et tirer des enseignements quant aux politiques économiques menées pendant ces dernières décennies et qui ont conduit à la situation que nous observons aujourd'hui. Il est vrai que le contexte dressé par le phénomène de mondialisation a été le catalyseur, pour ne pas dire l'accélérateur, de la mise en quarantaine du continent africain.

2. La situation actuelle : quelques éléments explicatifs

Les *performances* des différentes économies du globe se mesurent à l'aune de la performance tant dans les domaines du commerce extérieur, de l'attraction des capitaux étrangers que dans celui plus délicat du niveau moyen de qualification de la population. Pour ce qui relève du commerce extérieur, l'Afrique se taille la portion congrue avec 2% des exportations mondiales. Avec ceci de particulier que la majorité des exportations africaines est constituée de produits de base et de matières premières et non de produits manufacturés ou de produits à haute valeur ajoutée. En ce qui concerne l'attraction de l'Afrique pour les capitaux étrangers, elle est faible compte tenu que l'Afrique subsaharienne n'a bénéficié que de 1,2 milliards de dollars en 2000. Ce qui est paradoxal dans la mesure où le continent africain est celui qui offre le meilleur taux de rentabilité interne. Taux se situant en 2000 aux alentours de 20%, soit le double de celui de l'Europe et plus de 5% au-dessus de l'Asie. Paradoxalement, l'Asie recevait 21 milliards de dollars et l'Europe en recevait 77. Il apparaît de toute évidence que l'Afrique ne représente point une destination privilégiée pour les capitaux étrangers nonobstant sa forte rentabilité ! Le niveau de qualification des populations quant à lui est sujet à caution. L'essor des lendemains chantants de l'indépendance à été remplacé par une stagnation, voire une régression du niveau de qualification moyen.

On ne saurait discourir de la désastreuse situation prévalant actuellement sans évoquer la nature des politiques économiques mises en œuvre sur le continent africain dès le début des années quatre-vingt. Il s'agit des politiques libérales menées sous la houlette du Fonds Monétaire International (FMI) et de la Banque Mondiale (BM) qu'un ancien dirigeant de la Banque Mondiale, en l'occurrence Joseph Stiglitz, a stigmatisé. Ces politiques étaient fondées sur la notion d'avantages comparatifs et sur le consensus dit de Washington.

L'écart de revenus entre les 20% les plus riches et les 20% les plus pauvres de la planète est passé de 1 pour 30 à 1 pour 60 entre 1960 et 1995, soit un doublement en 35 ans. Durant ces années le Fonds Monétaire International et la Banque Mondiale ont lancé de nombreux programmes d'ajustement structurel qui avaient pour objet d'aider les pays du Sud à se développer. Parallèlement, de nombreux états du Nord ont procédé à l'octroi d'aides au développement bilatérales. Néanmoins, force est de constater l'échec cuisant de ces politiques et en particulier l'aggravation de l'écart existant entre le Nord et le Sud en termes de qualité de vie. Actuellement, 2% de la population mondiale détient 80% des richesses ! Certes, on peut noter des avancées ici et là à l'image des accords de Cotonou signé en 2000 entre l'Europe et les pays Afrique-Caraïbe-Pacifique (ACP) afin de faciliter l'accès de leurs produits au marché européen. Néanmoins, ceci reste insuffisant.

Nous retiendrons 5 facteurs explicatifs de la situation prévalant à l'heure actuelle qui sont de notre point de vue proéminents : les 2 chocs pétroliers, l'insuffisante accumulation du capital humain et physique, la détérioration des termes de l'échange, la marginalisation au niveau des échanges mondiaux et la *mauvaise gouvernance* tant des dirigeants africains que de leurs partenaires étrangers et des organisations internationales.

2.1. Les deux chocs pétroliers : premiers catalyseurs

Au lendemain des indépendances, les prix réels de la plupart des produits de base étaient relativement stables et favorisaient la croissance économique. A titre d'exemple durant la décennie 1960-1970, le taux de croissance s'établissait en moyenne à 4,5%. Toutefois, cette croissance était fragile dans la mesure où elle s'appuyait généralement sur quelques produits d'exportation. Ainsi la Côte d'Ivoire connaissait des taux de l'ordre de 7% et sa croissance était essentiellement basée sur l'exportation du cacao et du café.

En 1974, le premier choc pétrolier a été à l'origine de la flambée des prix. C'était l'époque dévolue aux stratégies de développement dites interventionnistes ou dirigistes impulsées et contrôlées par les états naissants. La planification était de mise tandis que les perspectives de développement industriel et la mise en place des différentes infrastructures étaient réelles. Pour mémoire, la Corée du Sud, actuellement membre de l'OCDE, était comparable en terme de PIB au Ghana. Tous les espoirs étaient donc permis.

L'Afrique subsaharienne était l'objet d'attentions soutenues tant à cause de ses potentialités que du contexte géopolitique de la guerre froide. Plusieurs pays recevaient une aide concomitamment à leur alignement sur l'un ou l'autre des deux blocs. Aide qui s'avérait le plus souvent liée, comme nous le verrons dans la section dévolue à l'analyse de l'aide publique au développement. Parallèlement, le financement des projets était facilité par la présence massive des pétrodollars et par le comportement inconscient des banques qui prêtaient sans véritables garanties. Les pétrodollars provenaient des pays exportateurs de pétrole qui les plaçaient à court terme dans les banques des pays industrialisés. Lesquelles à leur tour prêtaient ces liquidités aux pays sous-développés. Entre 1970 et 1980, les pays du tiers-monde ont ainsi vu l'encours de leur dette transiter de 60 milliards de dollars à 450 milliards de dollars, soit environ huit fois le montant initial! Simultanément, le taux moyen de croissance du produit intérieur brut (PIB) était seulement de 3%, bien inférieur à son niveau observé lors de la précédente décennie.

En proie aux difficultés consécutives au choc pétrolier, les pays développés exportaient inlassablement, distribuant des facilités d'exportation sans distinction aucune. Des organismes tels que la COFACE (Compagnie Française d'Assurance pour le Commerce Extérieur) en France ou la SEE (Société pour l'Expansion des Exportations) au Canada couvraient les investissements que leurs entreprises nationales effectuaient à l'étranger. Ce fut l'avènement des « éléphants blancs » et l'essor de la dette des pays africains. L'Etat qui était le principal acteur du secteur économique s'est trouvé en difficulté avec ce premier choc pétrolier en raison des déficits récurrents de sa balance des paiements.

Puis est survenu le second choc pétrolier avec pour conséquence immédiate d'engendrer des prix réels de plus en plus erratiques. Les années quatre-vingt ont été le témoin privilégié de la baisse des prix réels des produits de base avec des pointes lors des deux crises économiques. Au début des années quatre-vingt, la Fed (Federal Reserve Bank) aux Etats-Unis décida de lutter contre l'inflation en faisant grimper les taux d'intérêt qui culminèrent à 20% en 1981. Ce qui provoqua la hausse vertigineuse du dollar et le renchérissement des prêts. Certains pays ne furent plus capables d'honorer leurs engagements vis-à-vis du service de leur dette et menacèrent la stabilité du système financier international. Plusieurs pays occidentaux suivirent l'action des Etats-Unis et adoptèrent des politiques anti-inflationnistes. Ce fut l'éclatement de la crise de l'endettement avec le Mexique qui déclara en 1982 être dans l'incapacité de rembourser sa dette. Le FMI entra en scène avec pour mission de maintenir la stabilité du système financier international et donc de « guérir » le malade représenté par le Mexique. La crainte d'une contagion générale était grande d'autant plus que le taux de croissance du PIB dans le monde s'établissait en moyenne à 2,5%, soit deux points de moins par rapport aux années soixante. La hausse du dollar fut suivie vers le milieu des années quatre-vingt par une baisse qui eut pour conséquence de réduire les recettes d'exportation des pays d'Afrique subsaharienne notamment. L'arrimage du franc CFA au franc français aggrava cette situation car concomitamment à la baisse du dollar s'ensuivit une hausse du franc français. Situation qui induisit une perte de compétitivité chez les pays africains membres de la Zone Franc. Rappelons que le lien existant entre la France et la Zone Franc se renforce par une coopération monétaire qui pour certains auteurs relève de l'ingérence dans la souveraineté des états membres mais pour d'autres constitue un gage de stabilité monétaire. Au-delà de ces considérations antagonistes, il n'en reste pas moins que la convertibilité du franc CFA est garantie par le Trésor français. Ce qui laisse une place réduite à l'édification d'une réelle politique monétaire qui aurait comme objectif la relance de l'économie par l'investissement et la consommation et ce, en privilégiant le crédit, la création monétaire et en finançant les déficits budgétaires. Il suffit pour s'en convaincre d'observer l'administration américaine laisser filer le dollar face à l'euro au début du mois de novembre 2004. Une telle attitude est impossible dans la Zone Franc ! D'autre part, toute appréciation de l'euro conduit les pays membres de la Zone Franc à vivre au-dessus de leurs moyens.

2.2. L'insuffisance du niveau d'accumulation du capital humain et physique

L'Afrique subsaharienne se caractérise par une faiblesse avérée au niveau de l'accumulation en capital tant humain que physique.

L'évolution du continent est contradictoire. En effet, après une phase post-coloniale à la hausse, les taux de scolarisation se sont écroulés dans les années quatre-vingt. Dès l'indépendance, il était question d'africaniser l'encadrement et l'administration. L'Etat était le pourvoyeur principal des emplois et il prenait soin de financer les infrastructures éducatives en vue d'atteindre cette finalité. Les années de crise (1980-2000) ont conduit les acteurs en présence à se recentrer sur la recherche de prébendes et avantages afin de survivre. La corruption s'installa aux portes des principaux établissements de formation faussant ainsi la qualité des élites formées. Ce faisant, la première vague de dirigeants et de managers africains issue de la période post-indépendance fut remplacée par une autre dont la qualité lui était inférieure. De plus, la perte par l'Etat de ce rôle central de pourvoyeur d'emplois a accéléré le désintérêt des populations pour les formations diplômantes à débouchés incertains, augurant l'avènement du secteur informel.

En ce qui concerne le capital physique, il est à noter que sa faiblesse relève de divers facteurs : l'infrastructure d'une part et l'investissement productif d'autre part. Ceci est dommageable car sans infrastructures viables et efficaces, l'attraction des investissements directs étrangers demeure illusoire. Par voie de conséquence l'accumulation du capital est rendue difficile, voire impossible dans ce contexte de pénurie.

Les médiocres politiques économiques appliquées dans le passé, l'instabilité politique, le système judiciaire déficitaire et l'étroitesse des différents marchés ont entraîné le désintérêt des investisseurs étrangers pour l'Afrique. La forte présence de la corruption et la lourdeur administrative sont autant de freins à l'investissement de capitaux tant nationaux qu'étrangers. La frilosité des acteurs du secteur bancaire, qui ne financent pas les projets à long terme nonobstant les notables liquidités disponibles, ne favorise pas l'accumulation du capital. A cela s'ajoute un taux d'épargne de l'ordre de 13% ne favorisant guère l'évolution du niveau du taux d'investissement en Afrique subsaharienne qui s'établit actuellement autour de 18%.

2.3. Les termes de l'échange : une longue détérioration

Les termes de l'échange sont définis comme le montant en valeur de biens à exporter afin de pouvoir importer une certaine quantité de biens en valeur. Il y a détérioration dès lors que la valeur des biens exportés décroît par rapport à celle des biens importés. Les économies africaines dépendent en général de deux à quatre produits de base réservés à l'exportation et surtout procurant l'essentiel des recettes en devises. On retrouve ici le principe des

20-80 hérité de l'économiste italien Wilfredo Pareto, c'est-à-dire que 20% des produits apportent 80% des recettes. Ces recettes sont fortement affectées par les aléas et l'état de l'économie mondiale. D'où la précarité du continent et son incapacité à planifier. Comment baser ses perspectives sur des exportations erratiques dont on ne contrôle guère l'évolution ? De plus, les pays africains sont généralement « price taker » sur les marchés mondiaux et n'influencent en aucune façon le niveau des prix. Ce faisant, leur croissance dépend de produits dont ils ne maîtrisent pas l'évolution des prix. Ce qui amplifie la précarité et l'incapacité susmentionnées.

Les dernières décennies ont constaté la hausse épisodique des prix ainsi que leur baisse durable contribuant ainsi à rendre les recettes en devises extrêmement aléatoires. Cette absence de stabilité des prix rend difficile l'implantation d'une politique économique rigoureuse et pèse sur la croissance économique.
Les investisseurs étrangers sont par voie de conséquence peu enclins à intervenir sur le continent africain car les taux de rendement des investissements s'avèrent aléatoires. Le rapport de la Conférence des Nations Unies sur le Commerce et le Développement (CNUCED) datant de 2001 confirme cette situation. Il indique, entre autres, que « l'instabilité des termes de l'échange a été environ deux fois plus grande pour les exportations de cette région (l'Afrique subsaharienne) que pour celles de l'Asie de l'Est dans les années 70, 80 et 90, et presque quatre fois plus importante que les exportations des produits industrialisés ».

De plus, les politiques conservatrices et empreintes de protectionnisme appliquées par les pays développés ont amplifié cet état de chose. Par exemple, les subventions versées par la Communauté Européenne dans le cadre de la Politique Agricole Commune (PAC) et celles versées à ses agriculteurs par les Etats-Unis ont provoqué l'augmentation des exportations de blé européen et de coton américain. Exportations qui se sont faites au détriment des productions africaines du même type en raison de cette concurrence déloyale qui ne dit pas son nom. De quelle manière le paysan du Niger, en pleine région sahélienne, pourrait-il concurrencer l'agriculteur américain ayant une bien meilleure productivité et bénéficiant de subventions? Les subventions dont il est fait état se chiffrent en milliards de dollars. Ce faisant, les politiques budgétaires et fiscales des pays africains, largement tributaires des recettes d'exportation, sont hautement sensibles. Les conséquences se retrouvent également au niveau de la gestion de la dette, du taux d'investissement et de l'épargne.

Cette situation est en outre plombée par la baisse des prix réels. Il ressort, depuis le début des années quatre-vingt, une détérioration tendancielle des termes de l'échange pour les pays exportateurs de produits de base hors combustible. En fait, les produits d'exportation que sont le pétrole, le café, le cacao et le coton ont vu leurs prix augmenter simultanément avec ceux des principaux produits manufacturés de 1975 à 1985. La hausse des dépenses d'importation a été compensée par celle des recettes d'exportation : il n'y a pas eu à proprement dit détérioration des termes de l'échange pendant cette décennie quoique la disparité des situations est assez marquée. Des pays tels que le Cameroun ou la Côte d'Ivoire étaient parvenus à tirer leur épingle du jeu. Les années suivantes ont connu une baisse continue des prix des produits d'exportation: les termes de l'échange se sont alors dégradés au détriment des pays de la zone sub-saharienne.

Les conséquences sont éloquentes: installation de déficits budgétaires récurrents, dégradation de la balance des paiements et début de récession économique. D'autre part, la détérioration des termes de l'échange a également influé sur l'endettement massif de l'Afrique subsaharienne. Ce, ainsi que le constate le FMI en 2000 « quasiment tous les pays les plus durement touchés par la baisse des prix des produits de base figurent aussi parmi les pays les plus pauvres du monde, plus de la moitié se trouve en Afrique subsaharienne ».

2.4. Les échanges mondiaux : la marginalisation

A l'heure actuelle, les échanges mondiaux se concentrent essentiellement autour de 3 pôles : l'Europe, l'Amérique du Nord et le Japon. Ces trois axes forment ce qui est communément appelé la Triade. En effet, 48% des échanges sont localisés au niveau de l'Europe, 18% pour l'Amérique du Nord et 10% pour le Japon. Les 25% restant sont dirigés vers le reste du monde. Le continent africain n'est concerné que par 2% des échanges mondiaux et se trouve ainsi marginalisé. Il faut toutefois remarquer que dans la portion des échanges correspondant à l'Europe près de la moitié correspond à des échanges intérieurs alors que cette part équivaut à un tiers pour l'Amérique du Nord.

Dans cet environnement concurrentiel, c'est le principe du libre-échange qui domine. Principe qui doit, selon ses défenseurs, permettre à tous les acteurs de l'échange d'en tirer partie. Ce qui n'est pas le cas. De plus, ce principe repose largement sur la notion d'avantage comparatif chère à Adam Smith, qui conseille à chaque pays de se spécialiser dans les domaines où il est le plus compétitif et excelle. Comment cela peut-il être possible dans les pays du Sud où les infrastructures industrielles sont embryonnaires ? Les producteurs du Sud peuvent-ils négocier librement avec les investisseurs du Nord ? Ce dont nous doutons. L'application de la notion d'avantage comparatif aurait conduit les pays d'Afrique subsaharienne à se spécialiser uniquement dans des secteurs utilisant une main d'œuvre abondante et bon marché au détriment des secteurs plus qualifiés et générateurs de forte valeur ajoutée mais exigeant simultanément moins de main d'œuvre et plus de qualification. Exigences qui sont celles du progrès technique. Le continent devrait donc renoncer au progrès et par-là même au développement !

Sous couvert de mondialisation, on assiste impuissant à la mise hors circuit d'un continent entier. L'Afrique qui représentait 6% des exportations mondiales en 1980 n'en représente plus que près de 2% au début du troisième millénaire ! Simultanément, son poids dans les importations mondiales est passé de 4,5% à un peu plus de 2%. Ces chiffres deviennent pour la partie subsaharienne respectivement un passage de 3,7% à 1,5% pour les exportations et une évolution de 3,1% à 1,4% pour les importations.

Le rapport 2003 de la Conférence des Nations Unies sur le Commerce et le Développement (CNUCED) indique que l'Asie a capté une majeure partie des parts de marché relatives à l'exportation des produits de base au détriment de l'Afrique. D'autant plus que face à cette situation, le continent africain a été incapable d'améliorer sa productivité. Toutefois, les pertes de parts de marché au niveau du coton et du sucre sont la conséquence des politiques de subventions et de quotas appliquées par les Etats-Unis.

Pour ce qui est du café et du cacao, l'effondrement des exportations provient de la montée en force de l'Asie et de l'Amérique latine dotées de producteurs ayant une meilleure productivité. On assiste à une hausse de l'offre qui génère une baisse des cours et donc un repli des exportations.

L'accès aux marchés étrangers reste illusoire pour le continent africain malgré la loi américaine sur la croissance et les potentialités de l'Afrique (AGOA) adoptée en 2000 et l'initiative européenne de 2001 intitulée « Tout sauf les armes ». Ces deux initiatives ont pour objectif de faciliter l'accès des produits d'exportation africains aux marchés occidentaux. Les résultats se font attendre et s'amélioreront sans doute lorsque l'Europe réduira ses subventions au sein de la Politique Agricole Commune (PAC) tandis que les Etats-Unis élimineront les entraves au libre-échange qu'ils ont érigé afin de protéger leur agriculture. Le rapport de la Banque Mondiale daté de 2002 indique que si les pays riches abaissaient leurs barrières commerciales, le taux de croissance annuel des pays en développement pourrait s'en trouver accru de 0,5% sur le long terme, ce qui permettrait à 300 millions de personnes de sortir de la pauvreté d'ici à 2015.

La mondialisation en réduisant les barrières et en laissant circuler l'information a permis à la société civile du Nord de prendre conscience de cet état de chose qui allait en s'empirant. Le caractère inique des échanges n'est pas sans conséquence sur l'humanité. On assiste à la paupérisation de la majeure partie du monde couplée à un mal développement endémique. L'interdépendance des économies et des peuples nous rappelle que les actions et les choix pris dans le Nord ont des répercussions dans le Sud et vice-versa. Certes, la création en 1995 de l'Organisation Mondiale du Commerce (OMC), dont la vocation est de veiller aux respects des accords régissant les échanges internationaux, fut accueillie favorablement mais, force est de constater que l'OMC privilégie les intérêts des pays du Nord et applique sans ambages le libéralisme économique et le principe du libre-échange. C'est ce même principe qui, allié à la notion d'avantage comparatif, a conduit l'Afrique subsaharienne à se spécialiser dans la production de produits de base à faible valeur ajoutée et par-là même à ne pas diversifier sa production en y incluant des produits dynamiques et des services.

Il est temps que l'Afrique se dresse comme un seul homme et crée son propre groupe d'influence au sein de l'OMC. Ceci d'autant plus que l'OMC est l'unique organisation ou instance supranationale où le principe « un pays-une voix » est érigé en vertu cardinale. Le continent ou le sous-continent pourra en étant doté de ce groupe d'influence infléchir les positions actuelles de l'OMC qui ne lui sont pas favorables.

Les quarante dernières années n'ont malheureusement pas été le témoin de la restructuration sectorielle du Produit Intérieur Brut (PIB) du continent africain. L'héritage de l'économie de rente de l'époque coloniale a maintenu la structure des exportations africaines : une grande majorité de produits de base, un léger pourcentage de produits manufacturés et un saupoudrage de services. S'arque boutant sur ces produits de base associés à des prix erratiques et en constante diminution, le continent africain ne pouvait que voir ses parts de marché s'éroder.

Ce faisant, l'insertion de l'Afrique dans les échanges mondiaux s'en trouvait remise en cause par l'action de facteurs internes et externes. Facteurs internes représentés par :

- les mauvais choix en matière de politiques agricoles,
- l'absence de diversification des exportations,
- la faible présence des produits à forte valeur ajoutée,
- la rareté des services et
- la faible compétitivité.

Quant aux facteurs externes, il s'agissait pour l'essentiel :

- des difficultés d'accès aux marchés occidentaux,
- de la concurrence exacerbée des autres continents,
- de l'extrême variabilité des prix des produits exportés et
- de la nouvelle structure des échanges où les services qui représentent près du tiers des échanges mondiaux montent en puissance.

2.5. La *mauvaise gouvernance* : un adjuvant

Avec l'indépendance, l'Etat s'est trouvé être le principal acteur du développement, le pourvoyeur d'emplois et le moteur de la croissance économique. En plus de ses fonctions régaliennes, il interprétait le rôle de manageur de l'économie publique et parapublique. Ce faisant, il administrait les principaux prix des biens et des services, et se substituait ainsi au marché. Puis, sans aucuns signes avant-coureurs, la décennie 80 a laissé la place à l'économie de marché avec les conséquences actuelles : paupérisation, marginalisation et sous-développement du continent.

Au commencement, l'élite manifesta un fort intérêt pour la conquête du pouvoir politique, clef de voûte du système. Le clientélisme et le népotisme étaient de rigueur. Au niveau de la gestion des entreprises publiques et parapubliques, les ressources étaient gratuites jusqu'au début des années quatre-vingt. Ce qui a conduit ces entreprises à ne pas appliquer les normes de gestion occidentales. La corruption était fréquente à l'instar des « éléphants blancs » et des fonctionnaires qui usaient de leurs prérogatives pour s'enrichir. Le principe de base se résumait à la maxime suivante : « la chèvre broute là où elle est attachée » ! Cette insécurité se retrouvait au niveau du pouvoir judiciaire avec des conséquences évidentes et directes sur la vie de tous les jours surtout dans les milieux d'affaires. Comment encourager les agents économiques à multiplier les transactions lorsque la notion de contrat et le respect des engagements pris s'estompent devant la fragilité du système judiciaire et le contournement des pratiques juridiques empreintes de justice ?

Les choix économiques retenus furent généralement hasardeux et porteurs des germes de la crise actuelle. Il s'agissait généralement de grands projets industriels, de développement de l'économie de rente, de spécialisation dans l'agriculture en se focalisant sur deux ou trois produits d'exportation et de recours à la dette dans des proportions exagérées. Ces choix obérèrent l'insertion de l'Afrique subsaharienne dans les échanges mondiaux et furent un frein à son développement.

Les gouvernants du Nord et les organismes internationaux ont également leur part de responsabilités dans cette mauvaise *gouvernance* généralisée. Il suffit de se rappeler les plans d'ajustement structurel imposés sans préambule et sans étude préalable par les organismes de Bretton Woods. Plans qui précipitèrent les pays pauvres dans la spirale de l'endettement et surtout vers la contraction de leurs économies. L'aide au développement sélective dirigée vers les « pays amis » nonobstant leur situation sociale, politique et économique désastreuse mais surtout sans exercer le moindre contrôle a également favorisé cette regrettable évolution.

3. L'aide publique au développement

On retient sous le vocable d'aide publique au développement (APD), les dons et les prêts consentis à des conditions financières privilégiées - c'est-à-dire en dessous des conditions de marché- par les pays de l'OCDE et de l'OPEP d'une part et d'autre part par les organisations multilatérales. Cette aide possède plus ou moins un caractère de liaison avec le donateur. Dans le cas spécifique de l'aide liée, le pays bénéficiaire a l'obligation d'utiliser ou d'acquérir des biens ou services auprès du pays donateur. D'après une étude économique, ceci génère un surcoût de l'ordre de 15% ! Ce pourcentage est loin d'être négligeable puisque l'aide liée représente près du quart de l'aide publique bilatérale.

En ce qui concerne la partie non liée de l'aide, on parle alors de libéralité. Laquelle libéralité vient se conjuguer à la concessionnalité donnée par les conditions financières avantageuses incorporées dans le prêt. Toutefois, une des nouveautés de la décennie 80 a été de voir cette aide conditionnée à divers éléments macro-économiques. En l'occurrence, la réduction des déficits publics, la mise en place de politique de privatisations, la réduction des barrières douanières et la suppression du contrôle sur les mouvements des capitaux. Ce fut l'avènement de la « conditionnalité » ! Ceci fut réalisé sous la houlette des institutions de Bretton Woods.

3.1. Les modalités et les destinations de l'APD

L'APD peut revêtir différentes formes, à savoir :

- des prêts bilatéraux,
- des dons bilatéraux et des contributions assimilables à des dons,
- des contributions provenant des organismes multilatéraux.

Les canaux suivis par l'aide sont de trois types :

- l'aide va du pays donateur au pays bénéficiaire directement, il s'agit de l'aide bilatérale qui représente les deux tiers de l'aide,
- l'aide va des organismes internationaux vers les pays bénéficiaires, c'est l'aide dite multilatérale qui représente un peu plus du quart de l'aide totale,
- l'aide bilatérale qui transite par les Organisations Non Gouvernementales (ONG) et qui représente un peu plus du vingtième des montants en jeu et qui s'avère être la moins dispendieuse.

Les destinations de l'aide au développement sont généralement :

- le financement de la construction d'infrastructures et de leur fonctionnement,

- le développement rural tant au niveau des investissements, de la recherche que de l'assistance technique,
- le financement des déficits budgétaires ou de la balance des paiements.

Le financement des infrastructures de base constituées par les routes, les ponts, les barrages, les voies de désenclavement, les écoles et les hôpitaux se réalise sous la forme d'aide projet. C'est-à-dire par le financement d'un projet.

Pour ce qui est du développement rural, le développement de projets agricoles, le recours à de l'assistante technique et l'apport de crédits aux producteurs sont des modes opératoires qui semblent avoir le plus souvent moins de déperditions. La coopération technique s'avère parfois dispendieuse en moyens et profite généralement aux pays donateurs.

Quant au financement des déficits ou de la balance des paiements, il s'agit de maintenir ou de revenir à l'équilibre macro-économique. Cette action peut se faire de concert avec un bailleur de fonds multilatéral à l'image du Fonds Monétaire International (FMI) ou individuellement via un allégement de la dette bilatérale. On peut citer à titre d'exemple l'effort consenti par la France vis-à-vis des pays de la Zone Franc suite à la dévaluation du franc CFA en janvier 1994. Il faut à cet égard, rappeler que la décision de dévaluer fut prise unilatéralement par la France.

En ce qui concerne le traitement de la dette issue de l'APD, l'objectif visé est de donner de l'oxygène à des économies sur endettées ou en voie de surendettement en procédant à des rééchelonnements ou à des remises pures et simples.

3.2. Bilan succinct de l'APD

La majeure partie de l'aide publique au développement provient des pays de l'OCDE regroupés au sein d'une entité dénommée le Comité d'Aide au Développement (CAD) qui comprend l'Allemagne, l'Australie, la Belgique, le Canada, le

Danemark, l'Espagne, les Etats-Unis, la Finlande, la France, l'Irlande, l'Italie, le Luxembourg, la Norvège, la Nouvelle Zélande, les Pays-Bas, le Portugal, le Royaume Uni, la Suède, la Suisse et l'Union Européenne.

Le CAD a progressivement augmenté la part d'aide décernée à l'Afrique subsaharienne en la faisant passer de 21% en 1980 à 31% douze ans plus tard. Plus spécifiquement, le G7 destine près de 30% de son aide à l'Afrique subsaharienne. Exprimée en pourcentage du PIB, l'aide représentait 6,13% du PIB de l'Afrique subsaharienne en 1990 et ne correspondait plus qu'à 4,55% de ce même PIB dix ans plus tard. En volume, l'évolution de l'aide a été d'abord croissante puis décroissante : elle était évaluée à 75 milliards de dollars en 1990 et n'était plus que de 50 milliards de dollars dix ans plus tard. L'aide a ainsi accusé une diminution de l'ordre de 30% alors que lors du sommet de Rio en 1992, les pays donateurs s'étaient engagés à l'accroître de 125 milliards de dollars chaque année. L'aide est alors comparable à un coureur de fond essoufflé après l'effort : elle culmine en 2000 à 50 milliards de dollars en volume annuel, soit environ 0,22% du Produit National Brut (PNB) des pays donateurs, bien loin des engagements de 0,7% fixés par l'Organisation des Nations Unies (ONU)!

En termes d'efficacité, les résultats sont contrastés et plaident d'un côté pour son maintien, de l'autre pour sa diminution. L'aide est accusée de favoriser la corruption, le laxisme et la *mauvaise gouvernance* dans les pays du Sud et d'apporter la bonne conscience et des possibilités d'exportation aux pays du Nord. Néanmoins, un rapport de la Banque de France de 1999 indique que l'aide n'est utile que si les politiques économiques sont bonnes et si les institutions du pays d'accueil sont efficaces. Ce qui est loin d'être le cas dans la majeure partie de l'Afrique subsaharienne.

L'état actuel du continent africain remet en cause les objectifs de développement du Millénaire qui ont été fixés en 2000 et à échéance en 2015. Rappelons que les 8 objectifs de développement du Millénaire consistent à :

- réduire l'extrême pauvreté et la faim,
- assurer l'éducation primaire à tous,

- promouvoir l'égalité des sexes et l'autonomisation des femmes,
- réduire la mortalité infantile,
- améliorer la santé maternelle,
- combattre le VIH/Sida, le paludisme et d'autres maladies,
- assurer un environnement durable,
- mettre en place un partenariat mondial pour le développement.

Le financement des objectifs de développement du Millénaire a été ré-examiné lors de la conférence du PNUD à Monterrey au Mexique en mars 2002 et ses résolutions tablaient sur une augmentation substantielle de l'aide publique au développement qui devrait passer de 50 milliards de dollars à 175 milliards de dollars. Deux ans plus tard, on est encore loin du compte...

Ce faisant, le bilan de l'aide est fort contrasté. D'une part, les montants sont en chute libre et deviennent inférieurs aux envois des migrants, c'est-à-dire aux montants transférés par les immigrés vers leurs pays d'origine. D'autre part, les résultats escomptés ne sont pas toujours atteints. Par contre, l'APD a contribué de manière significative à l'endettement des pays de l'Afrique subsaharienne. Selon certaines estimations, le montant correspondant à l'APD multilatérale dans la dette extérieure des pays en développement (PED) était de 145 milliards de dollars en 2002 tandis que celui provenant de l'APD bilatérale culminait à 243 milliards de dollars. Cette situation est d'autant plus dramatique que le *Global Development Finance* publié en 2003 par la Banque Mondiale indiquait que les remboursements des pays en développement étaient supérieurs aux montants des aides bilatérales qu'ils avaient reçues entre 1996 et 2002 !

A l'actif de l'aide, il faut insister sur sa qualité : en se réduisant, elle est devenue plus efficace car son contenu en financement de biens publics est à la hausse et la part de l'aide multilatérale est en constante augmentation. Ce dernier élément est encourageant car en terme d'efficacité au niveau de la destination, c'est l'aide multilatérale qu'il faut privilégier car elle est difficile à détourner par les pays bénéficiaires et simultanément difficile à utiliser comme un cheval de Troie par les pays donateurs pour développer leurs exportations.

4. Le fardeau de la dette

L'élément déclencheur de l'initiative PPTE est sans contexte le fardeau de la dette pour les pays en développement. Fardeau qui obère leurs chances de sortir de la spirale du sous-développement et de la pauvreté. Il est question ici d'évaluer la dette, de présenter les traitements usuels qui lui ont été appliqués durant les deux dernières décennies et le nouveau traitement représenté par l'initiative PPTE.

L'accent sera également mis sur le phénomène de « debt overhang » qui traduit l'effet non incitatif du poids de la dette sur l'investissement et par voie de conséquence sur la croissance économique.

4.1. L'état de la dette

Au 31 décembre 1999, la dette extérieure des pays en développement (PED) était évaluée à 2550 milliards de dollars, soit plus de 35% de leur revenu. Plus des quatre cinquièmes est à long terme. Le poids de la dette mesuré par le rapport de cette dernière sur le produit national brut s'est accru au cours des années quatre-vingt-dix passant de 50% en 1980 à 75% en 1997 et dépassant même les 100% en 1990. Le tassement de ce phénomène que l'on relève toutefois depuis quelques années est exclusivement la conséquence de rééchelonnements, de réductions de dette et de refinancements à des taux concessionnels. En janvier 2002, le stock de la dette des PED était de 2400 milliards de dollars qui se décomposait en 19% de dette multilatérale, 27% de dette bilatérale et 54% de dette privée. A cette même époque, l'Afrique subsaharienne devait 210 milliards de dollars et versait 13 milliards de dollars au titre de son service. Ce qui est certes faible à l'échelle des PED mais important pour des états africains dont le service de la dette représentait entre 30% et 50% de leur budget.

En septembre 2004, le FMI estimait à 223 milliards de dollars la dette extérieure de l'Afrique subsaharienne, soit 46,7% de son PIB.

Le rapport du CNUCED relatif au développement en Afrique et daté de 2004 indique qu'entre 1970 et 2002 l'Afrique subsaharienne a reçu, sous forme d'aide, 294 milliards de dollars et simultanément elle a remboursé 268 milliards de dollars au titre de sa dette (intérêts et principal). Dette dont l'encours, nonobstant les remboursements, s'établissait à 210 milliards de dollars en 2002!

La dette extérieure des PED est essentiellement due aux créanciers officiels des pays du Nord et aux organismes financiers multilatéraux (Fonds Monétaire International, Banque Mondiale et leurs organisations affiliées). La partie revenant à ces derniers n'est pas rééchelonnable et représente une part importante de la dette des pays du Sud et notamment le quart de la dette africaine à long terme. Toute action efficace sur l'encours de la dette nécessite l'adhésion de ces organismes.

4.2. Les traitements de la dette

Dans l'objectif de procéder à une réduction de l'encours de leur dette, les pays du Sud ont la possibilité de se tourner vers le Club de Paris qui traite de la dette bilatérale et le Club de Londres qui est spécialisé dans la gestion de la dette privée. En 1988, les Termes de Toronto ont permis de réduire d'un tiers la dette bilatérale éligible. Une vingtaine de pays en a bénéficié jusqu'en 1991 lorsque les Termes de Toronto ont été remplacés par les Termes de Londres. Ceux-ci ont porté sur la réduction de la moitié de l'encours de cette même dette. 23 pays du Sud ont bénéficié de l'application de ces termes. Plus tard, les Termes de Naples en décembre 1994 ont permis de réduire de deux tiers le service de la dette bilatérale échue et deux ans après ce fut le tour des Termes de Lyon. Dans cette optique, la réduction pouvait porter jusqu'à 80% du stock avec le concours des institutions multilatérales. Finalement, les Termes de Cologne ont été institués en 1999 et concernent l'initiative PPTE avec la possibilité d'aller jusqu'à annuler 90% de la dette et même plus si nécessaire. Toujours est-il que malgré ces différentes réductions, la dette des pays d'Afrique subsaharienne demeure un lourd fardeau pour de frêles épaules ?

Les traitements classiques des créances commerciales bilatérales ou privées consistent à accorder des périodes de grâce et des étalements des remboursements dans le temps avec éventuellement une diminution des taux d'intérêt voire des annulations. Ces traitements ne s'appliquent qu'aux créances contractées avant une certaine date appelée date butoir. Par contre, les créances commerciales post-date butoir, les créances multilatérales et les créances à court terme ont été rarement traitées. La raison avancée par les créanciers est d'éviter de favoriser l'émergence de risque moral en procédant à l'annulation des dettes car les pays bénéficiant de cette annulation seront enclins à s'endetter de nouveau sans réserve et sans rigueur. Ceci est purement théorique dans la mesure où les sommes en jeu sont dérisoires par rapport à l'endettement mondial et surtout la plupart des institutions bancaires ont déjà provisionné ces risques ! L'impact de l'aléa moral (*hasard moral*) est donc limité et ne justifie pas la position dogmatique des créanciers. Bien évidemment, elle n'autorise pas les débiteurs à renoncer à leurs engagements contractuels.

4.3. Un nouveau traitement

L'initiative *Pays Pauvres Très Endettés* dite PPTE (Heavily Indebted Poor Countries, HIPC) lancée en 1996 et renforcée en 1999 concerne la partie de la dette qui revient aux organismes de Bretton Woods et au Club de Paris et ce, d'autant plus que 90% de la dette desdits pays a été contractée sous formes multilatérales et bilatérales. Les dettes multilatérales pèsent pour environ 40% en ce qui concerne les 42 pays visés par cette initiative. L'objectif de l'initiative PPTE est de ramener le service de la dette à un niveau *supportable*. On entend par niveau supportable, un service de la dette qui n'inhibe pas le développement et ne remet pas en cause les perspectives de croissance. Les tenants et aboutissants de l'initiative PPTE seront développés au chapitre 2.

4.4. « Debt overhang » ou lorsque la dette se fait menace

Le traitement de la dette des PED est d'autant plus préoccupant que les risques de « debt overhang » ne sont pas négligeables. En effet, l'importance du service de la dette par rapport aux recettes budgétaires et surtout par rapport aux recettes d'exportation indique que le service de cette dette n'est plus ou ne sera plus assuré dans un avenir proche. On parle de phénomène de « debt overhang » lorsque le fardeau de la dette devient si lourd à supporter qu'il n'incite pas le pays endetté à procéder à des investissements productifs en vue de rembourser sa dette. Cette situation, bien évidemment, n'est pas propice à l'attraction des capitaux étrangers.

Le phénomène de « debt overhang » est dû au fait que procéder à des investissements conduirait à réduire la consommation présente au profit de revenus futurs qui iront en majorité entre les mains des créanciers. Le pays endetté n'a donc pas intérêt à réduire sa consommation pour satisfaire ses engagements futurs d'autant plus qu'il ne profitera pas demain de la réduction opérée aujourd'hui. Ce fut le cas pour l'Argentine, la Bolivie, le Brésil, le Costa Rica, la République dominicaine, l'Equateur, la Jordanie, le Mexique, le Nigeria, Panama, le Pérou, les Philippines, la Pologne, l'Uruguay et le Venezuela au début des années quatre-vingt. Ce problème avait été résolu par le plan Brady qui procéda à une importante remise de dette de la part des banques commerciales. Sept ans après cette remise, en Amérique latine, de nouveaux capitaux affluèrent et permirent de relancer la croissance et de stimuler les investissements. Certes, la situation des pays d'Amérique latine des années quatre-vingt n'est pas identique à celle des pays d'Afrique subsaharienne des années quatre-vingt dix à plusieurs titres : les économies sud-américaines étaient à un stade d'évolution plus avancé, elles étaient dotées de meilleures infrastructures et avaient déjà bien défini les droits de propriété. Les pays éligibles à l'initiative PPTE quant à eux présentent des lacunes au niveau de leur capacité à assurer le service de leur dette et ne procèdent pas à des investissements tant industriels que d'infrastructures.

Au niveau microéconomique, on parle de « debt overhang » lorsque la dette est si importante qu'elle empêche l'entreprise de procéder à des investissements rentables, c'est-à-dire dotés de valeurs actuelles nettes (VAN) positives, car le gain attendu n'excédera pas la variation de l'endettement qui suivra. Au total, tout le surplus généré par les investissements à VAN positive, c'est-à-dire tels que la valeur estimée aujourd'hui des flux attendus dans le futur excède le montant de l'investissement à faire aujourd'hui, ira entre les mains des créanciers. En sus, les actionnaires n'auront aucun intérêt à financer de tels projets car ils enrichiront les créanciers. Il y aura un transfert de richesse des actionnaires vers les créanciers. La situation de « debt overhang » agit comme une taxe implicite sur les investissements. Toutefois, une remise de la dette est bénéfique aux créanciers tout comme aux propriétaires de l'entreprise car elle induit une baisse de la taxe implicite.

Certains auteurs traduisent « debt overhang » par « dette trop importante » mais cette traduction s'avère limitée car ce qui importe ici ce n'est pas uniquement le niveau de la dette mais également la capacité de l'emprunteur à faire face à ses obligations contractuelles vis-à-vis de ses créanciers.

L'enseignement à tirer de ce concept est que chaque pays du Sud possède, peu ou prou, un seuil de tolérance à l'endettement. Au-delà de ce seuil, l'endettement inhibe les possibilités de croissance en freinant l'investissement. Il serait de bon aloi de déterminer ce seuil et de retenir un indicateur mesurant la capacité du pays emprunteur à pouvoir faire face à ses engagements.

5. Les plans d'ajustement structurel

La dette a constitué un frein au développement de la majorité des pays du Sud. Ceux-ci n'ont de ce fait pas pu générer des revenus permettant d'assurer le service de la dette car les montants empruntés ont engendré un retour sur investissement insuffisant pour garantir une rentabilité nécessaire pour assurer leur développement.

De plus, la détérioration des termes de l'échange, l'augmentation exponentielle des taux d'intérêt et le rationnement du crédit durant les années quatre-vingt ont contribué à l'éclosion de nombreux et successifs chocs externes (exogènes) qui ont affaibli les économies de ces pays. Devant cet état des choses, il a fallu réagir et les plans d'ajustement structurel ont été instaurés. Quels étaient leurs objectifs ? Quelle pensée économique les guidait ? Comment ont-ils évolué au fil du temps ? Telles sont les questions auxquelles cette partie tente d'apporter quelques éléments de réponse sans exhaustivité.

5.1. Les plans en question

La fin des années quatre-vingt et le début des années quatre-vingt-dix ont connu l'avènement des plans d'ajustement structurel financés par des facilités d'ajustement structurel (FAS). Ces plans ont eu pour conséquence de renforcer la situation d'endettement massif qui s'est avérée porteuse de tous les germes, entraînant un ralentissement du développement des pays où ils furent appliqués. L'encours des 42 pays pauvres très endettés auxquels ces plans furent également adressés représente quatre fois la valeur de leurs recettes d'exportation alors que le rapport jugé *supportable* et ratifié en 1999 par les membres du G7 doit être égal à un et demi. De même, le service de la dette doit être assuré par 15% à 20% des recettes d'exportation. Il faut en outre, souligner que ces deux indicateurs macro-économiques ne sont pas en vigueur dans la majorité des pays éligibles à l'initiative PPTE.

Les plans d'ajustement structurel imposés par le FMI ont érigé le service de la dette en priorité gouvernementale. Ils ont le plus souvent relégué au second plan la totalité des dépenses liées à l'éducation, à la santé, au renouvellement ou encore à la création des infrastructures qui représentent l'essentiel des biens publics, sources d'externalités positives pour la croissance. Le service de la dette est donc devenu une composante importante du budget de ces

Etats pesant de plus en plus fortement sur leur gestion et a entraîné le développement de déficits budgétaires chroniques.

A la fin des années quatre-vingt sont apparues les facilités d'ajustement structurel renforcé (FASR) qui étaient plus contraignantes que leur aîné la FAS. Ces plans s'accompagnent de nouveaux prêts conditionnés par la réalisation d'objectifs socio-économiques précis et fixés par avance tandis que l'objectif général des plans d'ajustement structurel était de restructurer et de stabiliser les économies défaillantes des pays du sud. Cette restructuration consistait à limiter le contrôle de l'Etat, à réduire les subventions sur les produits de base, à libéraliser l'économie ainsi qu'à développer une économie de marché. La stabilisation impliquait la relance des investissements et de l'épargne locale en jouant sur le niveau des taux d'intérêt, l'équilibre du budget en compressant les dépenses de fonctionnement, la stimulation les exportations en dévaluant si nécessaire la monnaie locale, et la réduction de l'inflation. L'accent devait ensuite être mis sur le développement des exportations qui permettraient en principe d'assurer le service de la dette. En fait, il s'agissait purement et simplement de l'application du consensus de Washington qui contenait dix recommandations du FMI et de la Banque Mondiale conditionnant l'obtention des facilités, en l'occurrence :

- suivre une discipline budgétaire,
- lancer une réforme fiscale,
- réorganiser les dépenses publiques,
- libéraliser l'économie,
- opter pour le système de taux de change flexible,
- libéraliser les échanges,
- éliminer toutes les barrières pouvant freiner l'investissement direct,
- lancer une série de privatisations,
- déréguler les marchés,
- prendre en compte les droits de propriétés.

Il était question de mettre en place des politiques d'austérité et non des politiques d'expansion ! Comment pouvait-on imaginer que ces pays qui ployaient sous le fardeau de leur dette étaient à même de se relancer? Ils devaient en outre réduire leur effort d'investissement, réduire leur train de vie et sacrifier des pans entiers de leurs économies naissantes. C'était peu réaliste et l'avenir le prouva avec l'échec cuisant de ces politiques d'austérité et de déflation. Tout ceci était amplifié par le fait que le FMI et la Banque Mondiale, à un niveau moindre, appliquaient la même méthodologie à tous les pays comme si ces derniers n'avaient chacun aucune spécificité. On aurait dit un médecin préconisant le même traitement, et donc prescrivant la même ordonnance, à tous ses patients ! Tout ceci était en outre dramatique car les pays endettés du Sud devaient obligatoirement passer sous les fourches caudines du FMI pour espérer obtenir une aide ou un soutien financier de la part de leurs bailleurs habituels (bilatéraux ou multilatéraux): c'était la principale conditionnalité. Elle s'ajoutait à l'acceptation des plans d'ajustement proposés par le FMI sous la férule du consensus de Washington. Sans aucune préparation, la majorité des états récipiendaires des prêts des organismes de Bretton Woods a dû se plier à ce consensus avec les conséquences actuelles.

L'échec conjoint des FAS et des FASR a conduit le FMI à lancer en septembre 1999 des facilités pour la réduction de la pauvreté et pour la croissance (FRPC) en incorporant la lutte contre la pauvreté dans la stratégie à mettre en place dans la recherche de la croissance. Ces dernières facilités exigent la constitution par les pays récipiendaires d'un document de stratégie de réduction de la pauvreté (DSRP). La rédaction du DSRP fait intervenir le gouvernement du pays concerné, les populations du pays ainsi que les institutions de Bretton Woods. Il s'agit de décrire les politiques économiques qui seront mises en place pendant plusieurs années avec comme double finalité la réduction de la pauvreté et la promotion de la croissance économique. La description susmentionnée est complétée par la précision des besoins financiers, l'allocation des ressources et la donnée des sources de financement. Ce document s'inscrit en droite ligne des 8 Objectifs de Développement pour le Millénaire (ODM) proposés par les Nations Unies et entérinés en 1990 avec comme date butoir l'année 2015.

Il eut même en 1989 le lancement des Facilités de Financement Compensatoire et de Financement pour Imprévus (FFCFI) tant la situation ne s'améliorait pas. Près de 35 pays d'Afrique subsaharienne furent impliqués dans les programmes d'ajustement du FMI.

5.2. Le bilan des plans d'ajustement structurel

L'action conjointe du FMI et de la Banque Mondiale est remise en cause par un ancien directeur adjoint de la Banque Mondiale, en l'occurrence le Prix Nobel d'économie Joseph Stiglitz, qui dans un ouvrage intitulé *La grande désillusion* et publié en 2002, indique « Quand les crises frappaient, le FMI prescrivait des solutions certes « standards » mais archaïques et inadaptées, sans tenir compte des effets qu'elles auraient sur les habitants des pays auxquels on disait les appliquer. J'ai rarement vu réaliser des études prévisionnelles de leur impact sur la pauvreté. J'ai rarement vu des débats et des analyses réfléchies sur les effets d'autres orientations possibles. Il y avait une ordonnance et une seule ». Il continue en mettant en avant le caractère expansionniste du FMI pour qui l'ingérence dans les décisions d'un pays souverain se faisait sans états d'âme car « le FMI est censé surveiller la situation macroéconomique de chaque pays récipiendaire et de s'assurer qu'il ne vit pas au-dessus de ses moyens » et peut quand il le juge nécessaire suspendre toute aide en direction du pays fautif. Ceci est fort néfaste pour ce dernier car dans la foulée la Banque Mondiale imite le FMI et la plupart des pays industrialisés suivent. Joseph Stiglitz fait également allusion au cas de la Corée du Sud qui pendant la crise financière de 1997, devant l'insistance du FMI à vouloir lui imposer une politique d'austérité et donc de contraction, dut ruser car si elle s'opposait ouvertement aux directives du fonds elle courrait le risque d'être discréditée auprès des investisseurs internationaux et par conséquent d'être déclarée « off track » par le fonds. Et Joseph Stiglitz de poursuivre « en dictant les termes des accords, le FMI étouffe de fait toute discussion au sein du gouvernement client – *a fortiori* tout débat dans le pays- sur d'autres solutions possibles ». Il s'agit en fait d'un pamphlet contre l'application à la lettre par le

FMI du consensus de Washington. Le bilan de l'œuvre du FMI au niveau des programmes d'ajustement structurel est négatif. Il n'y a généralement pas eu de croissance et même lorsqu'elle a pointé son nez, les quelques bénéfices qu'elle a générés ont été aussitôt récupérés par les classes sociales aisées ou par les gouvernements corrompus. Une chose est sûre, elle n'a pas profité aux pauvres et aux démunis.

5.3. Les plans de seconde génération et l'initiative PPTE

L'initiative PPTE conjointe au FMI et à la Banque Mondiale s'appuie sur l'application de deux programmes triennaux via un Plan d'Ajustement Structurel (PAS) ou une Facilité d'Ajustement Structurel Renforcé (FASR). Cette dernière correspond à un prêt d'une durée de 5 à 10 ans octroyé par le FMI pour compléter les prêts PAS et conditionné par la mise en œuvre d'un programme en collaboration avec le FMI (à la fin des années quatre-vingt-dix, le taux appliqué était de l'ordre de 0,5%). Il est question ici de tenir compte de l'effort des pays endettés engagés dans le processus et d'évaluer leur capacité à mettre en place une *gouvernance* économique sérieuse. L'intégration définitive dans le processus PPTE est fonction des performances. Il faut que le pays impétrant réussisse deux programmes triennaux successifs. Cette condition fut relâchée par la suite pour ce qui est de la durée.

Le pays impétrant doit élaborer un document appelé Cadre Stratégique de Lutte contre la Pauvreté (CSLP) ou Document Stratégique de Réduction de la Pauvreté (DRSP). Ce document est établi avec la participation de la société civile du pays en question et le concours des bailleurs de fonds multilatéraux.

Chapitre 2

LA PROPOSITION

1. Introduction

L'initiative PPTE est l'une des réponses apportées aux maux dont souffre l'Afrique. Elle ne doit pas se substituer aux autres réponses mais elle doit les compléter et surtout permettre au continent de maximiser les synergies possibles dans sa quête du développement et de la croissance. Les résolutions relatives au financement des objectifs de développement du Millénaire peuvent servir de canevas à cette initiative et tout particulièrement le recours massif à l'aide au développement ne doit en rien être entravé par sa mise en place. Plusieurs questions viennent à l'esprit quand il s'agit de procéder à l'annulation ou à l'allègement d'une dette. L'objet de ce chapitre est de proposer des réponses et préciser le processus lié à l'initiative PPTE.

2. Faut-il annuler intégralement la dette des PED ?

Au-delà des problèmes de sélection adverse et de risque moral, l'annulation totale ou partielle de la dette générera deux effets, un effet direct et un effet indirect. L'effet direct correspond à l'annulation du stock de la dette ou à sa réduction. L'effet indirect consiste à ouvrir la porte à l'arrivée de nouveaux capitaux. Généralement, le second effet est le plus important. Ce fut le cas avec le plan Brady où la remise avait porté sur soixante milliards de dollars tandis que cinq ans après plus de deux cents milliards de dollars avaient été transférés dans les pays bénéficiaires du plan Brady.

Le choix à opérer entre ces deux options, annuler totalement ou réduire partiellement, doit prendre en compte les deux effets susmentionnés. Il doit également tenir compte de la substitution possible entre l'aide et la réduction de la dette. D'autre part, il est nécessaire de préciser dans quel cadre une telle opération doit s'insérer. Le concept de *bonne gouvernance* s'impose de lui-même afin d'assurer un traitement efficace de la dette des PED quel que soit le mode retenu (annulation totale ou annulation partielle).

2.1. Annulation totale

L'annulation totale de la dette des PED est l'objectif principal de la campagne Jubilé 2000 (devenue par la suite *Drop the debt*) menée par une coalition d'organisations non gouvernementales (ONG) et soutenue par de nombreux artistes à l'instar de Bob Geldof. Cette campagne pose également la question de savoir si les pays pauvres très endettés pourraient répudier les dettes dites odieuses, c'est-à-dire contractées par des dictateurs à des fins personnelles. De manière générale, cette campagne trouve l'initiative PPTE bien frileuse et très limitée quant à son impact sur la lutte contre la pauvreté. Jubilé 2000 en appelle à une action plus franche. L'initiative ne doit pas demeurer un acte des créanciers par les créanciers et pour les créanciers !

Nonobstant ce qui précède, la première donnée est que l'annulation pure et simple de la dette créerait une *asymétrie d'information* entre les pays prudents dans leur gestion et les pays dispendieux dans la leur. De plus, les pays dispendieux bénéficieraient d'une aide plus importante que les pays prudents et nous serions en situation de *sélection adverse* dans la mesure où les meilleurs seraient pénalisés de ne pas s'être endettés beaucoup plus.

En 1971, l'un des trois prix Nobel d'économie 2001, George Akerlof, professeur à l'université de Berkeley en Californie (Etats-Unis) mit en exergue les problèmes induits par l'asymétrie d'information en prenant comme exemple le marché des véhicules d'occasion de bonne ou de mauvaise qualité dans lequel l'acheteur potentiel ignore tout de la qualité réelle du véhicule contrairement au vendeur. Il y a bien là une asymétrie d'information entre les agents intervenant au sein de ce marché. C'est également la situation qui prévaut lorsque plusieurs entrepreneurs ou pays désireux de faire financer leurs projets font appel à des bailleurs de fonds pouvant aussi bien être des individus, des institutions que des Etats, les projets étant de bonne ou de mauvaise qualité et le potentiel apporteur de fonds ne pouvant en aucun cas les discerner.

2.1.1 La sélection adverse

Cette situation caractérisée par la présence d'asymétrie d'information donne lieu à la *sélection adverse*. Sur le marché des véhicules d'occasion, le prix d'équilibre sera un prix moyen compris entre ceux d'une bonne et d'une mauvaise occasion. Prix qui ne satisfera pas les propriétaires des véhicules de bonne qualité contrairement aux autres propriétaires qui seront prêts à vendre leurs véhicules de mauvaise qualité à ce prix. Il y aura de ce fait *sélection adverse* car les vendeurs honnêtes se retireront du marché. Ce qui aura pour conséquence de faire disparaître du marché de l'occasion les véhicules de bonne qualité. De façon analogue, les apporteurs de fonds potentiels ne pourront pas investir directement dans les bons projets que leur présenteront les pays car ne pouvant discerner les bons gestionnaires des mauvais. Ceci aboutit à ce que les institutions finançant les pays du Sud acquièrent une expertise dans le domaine de l'évaluation de la qualité de leur gestion. Ces institutions, de ce fait, joueront un rôle d'expert entre le Nord et le Sud dans l'évaluation de la qualité de gestion des Etats du Sud et tout investisseur potentiel pourra faire appel à leur expertise avant de risquer ses fonds. Ainsi, les pays du Sud qui choisiront d'y faire appel émettront automatiquement un signal portant sur la qualité de leur gestion et fourniront des informations aux marchés des capitaux. Signal pouvant prendre la forme d'objectifs raisonnables et justifiés à atteindre. Il pourra se concevoir par le biais de tableaux de bord intelligibles et devra permettre d'opérer aisément une séparation entre les bons et les mauvais gestionnaires. On passera alors d'un équilibre mélangeant dit de *Pooling* où les gestionnaires des Etats sont indiscernables à un équilibre séparant désigné par le terme de *Screening* ou de *Signaling* où les bons gestionnaires seront peu ou prou séparés des mauvais. Dans le premier cas, la séparation est réalisée par l'action des experts tandis que dans le second cas elle est le fait des pays eux-mêmes. La *bonne gouvernance* économique prend tout son sens ici.

Nous présentons là deux approches possibles pour lever l'asymétrie d'information *ex-ante* consistant en ce que soit les investisseurs décident de faire appel à un expert afin de distinguer le vrai du faux (*Screening*), soit les pays concernés émettent des signaux en direction des investisseurs pour révéler leur qualité de bons gestionnaires (*Signaling*). Dans les deux cas de figure précités, l'émission de signaux s'avérera coûteuse afin d'être difficilement imitable et le résultat n'est toutefois pas garanti. Les intervenants ont par conséquent intérêt à faire connaître leur nature exacte ou à dévoiler aux autres intervenants tout ou partie de l'information privilégiée qu'ils détiennent en émettant des signaux. La connaissance et l'interprétation de ces signaux ne sont possibles que lorsque ceux-ci sont coûteux ou encore lorsqu'ils engendrent des conséquences différentes de celles obtenues par l'émission d'un autre message. Le premier modèle de *Signaling* a été présenté en 1974 par l'un des lauréats du prix Nobel d'économie 2001, Michael Spence, ancien doyen des universités de Stanford en Californie (Etats-Unis) et de Harvard dans le Massassuchets (Etats-Unis) en étudiant l'impact du niveau d'éducation sur la rémunération. Le niveau d'éducation étant ce signal en l'occurrence. Spence considère que cet élément est un critère qui véhicule de l'information sur la productivité des travailleurs. Par conséquent, le salaire doit être fonction du niveau d'éducation. Toutefois les dépenses des futurs travailleurs dans le but d'acquérir un bon niveau d'éducation dépendront du salaire qu'ils espèrent obtenir. Spence démontre de quelle façon un équilibre séparant ou discriminant peut être obtenu sur le marché du travail. Il s'agit ici, par analogie, pour les gestionnaires prudents des pays de Sud de se démarquer de leurs homologues dispendieux en émettant des signaux de bonne gestion leurs permettant de solliciter à l'avenir de nouveaux emprunts.

Le troisième lauréat du prix Nobel d'économie 2001 et ancien économiste en chef de la Banque Mondiale, Joseph Stiglitz, s'est intéressé au problème de *sélection adverse* sur le marché de la dette et démontre que l'asymétrie d'information entre prêteurs et emprunteurs génère automatiquement un rationnement du crédit. Les intermédiaires financiers grâce à leur fonction de production d'information sur les débiteurs participeront à la réduction de cette asymétrie. Ce rôle, dans l'approche de la dette, pourra être assuré, sans aucune difficulté, par nos institutions expertes.

2.1.2 Le hasard moral

L'annulation totale de la dette peut créer une situation de *hasard moral* car tout pays bénéficiaire d'une annulation intégrale peut inconsciemment être tenté de s'endetter de nouveau sans se préoccuper de sa capacité à rembourser. Cette annulation complète est un signal négatif en direction des marchés de capitaux qui seront moins enclins à prêter à ce dernier car redoutant la propension du bénéficiaire à être peu rigoureux dans sa gestion. Nos institutions ayant acquis de l'expertise en matière d'audit de la qualité de gestion des pays du Sud seront compétentes pour réduire ce risque moral à l'instar de la résolution du rationnement du crédit élaborée par Stiglitz et Weiss en 1981. Ce qui suppose cependant que les bailleurs de fonds leur fassent confiance. Cette confiance sera d'autant plus grande que les bailleurs de fonds seront parties prenantes dans les projets à financer.

2.2. Annulation partielle

L'initiative PPTE s'inscrit dans la perspective d'une réduction partielle compte tenu qu'une réduction optimale de la dette des pays du Sud conduirait à libérer des fonds assurant actuellement le service de ladite dette. Les fonds ainsi libérés seront disponibles pour financer les dépenses publiques que les pays concernés n'auraient pas comptabilisées dans leur budget prévisionnel à cause du volume du service de la dette à assurer.

Cette réduction optimale implique une réduction partielle conduisant le stock de la dette à un niveau permettant à ces pays de pouvoir assurer leurs dépenses publiques minimales avec un service de la dette réduit combinant la prise en compte des risques de *hasard moral* et de *sélection adverse* qui s'en trouveront ainsi abaissés par le fait de ne pas avoir totalement annulé ladite dette.

Au-delà des risques de *sélection adverse* et de *hasard moral*, une réduction devant majoritairement être supportée par les bailleurs de fonds n'est pas réaliste. La conséquence pour les pays riches sera de les voir brutalement accroître les flux annuels d'aide au développement à plus de 1,8% de leur produit intérieur brut (PIB). Ce scénario est improbable compte tenu de l'inertie dont ils font preuve pour honorer l'engagement pris par eux à l'endroit des Nations Unies de faire passer ce pourcentage à 0,7%. Engagement n'ayant pour l'instant pris effet que dans les pays nordiques. En 2000, ce pourcentage était respectivement de 0,01% et de 0,36% pour les Etats-Unis et la France.

D'autre part, en finançant les investissements en biens collectifs, il faudra veiller à ce que cette nouvelle forme de financement, issue de la réduction de la dette, ne vienne pas se substituer à l'aide au développement qui devra continuer à jouer un rôle moteur. On pourrait imaginer que cette aide au développement soit davantage dirigée vers des investissements privés. Dans cette optique, la réduction de la dette et l'aide au développement ne devront pas être substituables. Dès lors interviendront la question de la mise en application d'une telle mesure ainsi que celle de l'assurance de l'utilisation à bon escient du résultat de la réduction de la dette, tout comme celle des effets positifs de cette même réduction sur la lutte contre la pauvreté.

2.3. Le cadre : la *bonne gouvernance*

La gestion dynamique de la dette est une solution aux problématiques de *sélection adverse* et de *hasard moral*. En amont de la gestion dynamique de la dette se trouve le concept de *bonne gouvernance* concernant le respect des droits de l'Homme, les principes de droit, l'affermissement de la démocratie, la promotion de la transparence ainsi que le bon fonctionnement de l'administration publique.

Généralement, les différents auteurs s'accordent à définir la *bonne gouvernance* comme l'exercice de l'autorité économique, politique et administrative dans l'objectif de gérer au mieux les affaires d'un pays. Elle comprend en outre les mécanismes, les processus et les institutions par le biais desquels les citoyens et les groupes expriment leurs intérêts, exercent leurs droits légaux, remplissent leurs obligations et s'accommodent de leurs différences. Elle implique également la participation, la transparence tout comme la responsabilité et, induit l'efficacité ainsi que l'équité. Elle favorise en sus l'état de droit et garantit que les priorités politiques, sociales et économiques se fondent sur un large consensus social comme le fait que les voix des plus pauvres et des plus affectés soient entendues dans les arènes de décisions concernant l'attribution des ressources au développement.

Cette *bonne gouvernance* peut se scinder en deux modes : une *bonne gouvernance* économique et une *bonne gouvernance* sociale (et politique). Cette dichotomie sera utilisée ultérieurement lors de la mise en relief des enjeux générés par l'initiative PPTE. C'est dans ce cadre que devra s'établir la remise de la dette et le redéploiement des ressources libérées par l'initiative PPTE afin de lutter efficacement contre la pauvreté et permettre l'utilisation optimale de ces nouveaux financements. Ce faisant, la gestion de cette situation passe par la maîtrise de la dette, l'utilisation de l'effet de levier et le choix d'investissements idoines.

3. L'Initiative PPTE

L'endettement croissant des PVD les a rendus inaptes à assurer le service de la dette et les a contraints à couvrir ce service en usant de la majeure partie des résultats générés par leurs économies. L'initiative PPTE vise à ramener cet endettement à un niveau dit soutenable caractérisé par un ratio d'endettement inférieur à 250%. Ratio institué par le FMI et qui mesure le poids de la dette dans une économie en rapportant la valeur actuelle de la dette à la valeur des exportations.

En 1999, lors du Sommet de Cologne, le G7 a proposé au FMI et à la Banque Mondiale de ramener le ratio d'endettement à 150%. Ce qui doublerait les montants en jeu qui passeraient dès lors de 19 milliards de dollars à 33 milliards de dollars exprimés en valeur actuelle de la dette. De même, le ratio service de la dette sur exportations passerait de 25% à 15%. En fait, les estimations de 2004 tablent sur un allégement total de 58 milliards de dollars si les 38 pays participant effectivement à l'initiative PPTE atteignaient tous leur « point d'achèvement ».

L'estimation du coût de l'initiative réalisée en 2004 et concernant les 37 pays retenus s'établit à 54,5 milliards avec la répartition ci-dessous :

- Fonds Monétaire International : 5,2 milliards de dollars (10%)
- Banque Mondiale : 10,8 milliards de dollars (20%)
- Banque Africaine du Développement et Fonds Africain du Développement : 3,9 milliards de dollars (7%)
- Banque Interaméricaine du Développement : 1,3 milliards de dollars (2%)
- Autres créanciers multilatéraux : 4 milliards de dollars (7%)
- Club de Paris : 19 milliards de dollars (35%)
- Autres créanciers bilatéraux : 7,5 milliards de dollars (14%)
- Créanciers commerciaux : 2,8 milliards de dollars (5%).

Les faits nouveaux et caractéristiques de cette initiative sont d'impliquer les populations concernées dans l'élaboration et le suivi des programmes à mettre en place, d'impliquer les institutions multilatérales dans le processus d'allègement de la dette, d'annuler plus que de rééchelonner, et surtout de faire le lien entre la réduction de la dette et la lutte contre la pauvreté. Il s'agit de réduire le service de la dette et d'utiliser les sommes ainsi rendues disponibles pour financer des programmes de lutte contre la pauvreté. 42 pays dont 34 situés en Afrique subsaharienne sont concernés par ce nouveau mode de traitement de la dette extérieure.

3.1. Eligibilité

L'éligibilité à l'initiative PPTE est déjà en soi un signal émis par le pays en direction de la communauté internationale et traduit la mise en œuvre de réformes économiques réussies sous l'égide des plans d'ajustement structurel de seconde génération. Après l'éligibilité, le pays concerné est tenu de prouver pendant une durée de trois ans en moyenne (cette durée peut être réduite à une année) qu'il est à même d'allouer de manière optimale l'aide reçue. Cette preuve sera mesurée à l'aune des résultats qu'il produira. Après avoir atteint le « point de décision » au titre de l'initiative, il s'agira alors d'une part de mettre en place une stratégie de réduction de la pauvreté avec la participation de la société civile et d'autre part de présenter un ensemble de mesures permettant de stimuler la croissance économique. Cette étape achevée et une fois le « point d'achèvement » flottant atteint le FMI et l'Association pour le développement international (IDA) du Groupe de la Banque Mondiale accorderont un allégement de la dette conditionné par la poursuite des efforts dans le cadre de l'exécution des programmes appuyés par les bailleurs de fonds. Parallèlement, les membres du Club de Paris et d'autres créanciers accorderont également des allégements supplémentaires à des conditions concessionnelles.

En sus de la mise en application de l'initiative PPTE, certains pays ont décidé de procéder à l'annulation de créances relatives à l'aide publique au développement (APD) pour les pays éligibles. Cette annulation supplémentaire s'accompagnera généralement d'un contrôle quant à l'utilisation des montants ainsi libérés. De plus, elle ne pourra entrer en jeu qu'après l'atteinte du « point d'achèvement ». Il s'agit dans certains cas d'un système de Refinancement par Dons dans lequel le pays bénéficiaire continue à assurer le service de la créance APD et se voit ultérieurement restituer le montant du service sous la forme de financements dévolus à des projets de développement durable et de lutte contre la pauvreté.

Pour qu'un pays soit éligible à une annulation substantielle de sa dette, il faut que le remboursement de celle-ci absorbe une part, considérée comme excessive, de ses ressources. Cette condition d'éligibilité est appelée critère de *soutenabilité* de la dette. Deux méthodes d'analyse peuvent être utilisées pour déterminer si un pays est capable de rembourser sa dette et si le poids que représente le remboursement de cette dette constitue un frein au développement ou non. Il s'agit du critère d'ouverture et du critère budgétaire.

Le premier consiste à comparer le niveau de la dette avec celui des exportations. La dette étant généralement libellée en devises, ce sont en effet les ressources générées par les exportations qui vont assurer son service. Un pays qui consacre la totalité de ses ressources d'exportation au service de sa dette renonce à un mode de financement de son économie. Il est en sus pénalisé au niveau de ses dépenses d'importation. Un niveau de dette excessivement élevé par rapport à celui des exportations rend donc la dette *insoutenable.*

Le second critère consiste à comparer le niveau de la dette avec celui des recettes de l'Etat. La majeure partie des dettes étant publique ou privée mais assorties d'une garantie de l'Etat, leur service nécessite que le pays dispose de recettes adéquates. Si une partie importante des recettes de l'Etat est affectée au service de la dette et que les autres dépenses nécessaires au développement du pays se trouvent excessivement limitées, le niveau de la dette est alors déclaré *insoutenable.*

Dans le cadre de l'initiative PPTE renforcée, les critères de soutenabilité de la dette sont les suivants :

- *Critère d'ouverture* : le ratio du stock de la dette (D) par les exportations (X) doit être supérieur à 150 %.
- *Critère budgétaire* : le ratio du stock de la dette (D) par les recettes de l'Etat (RB) doit être supérieur à 250 %.

La dette est réputée *non soutenable* si le rapport D/X excède 1,5 et/ou le rapport D/RB dépasse 2,5. Les valeurs-cibles 1,5 et 2,5 sont appelés *seuils de soutenabilité.*

Le critère d'ouverture est prioritaire. Le choix du critère budgétaire quant à lui est conditionné par le niveau du ratio des exportations sur le PIB du pays concerné. En effet, si le volume des exportations d'un pays est très élevé, celui-ci pourra être déclaré inéligible alors même que sa dette pèse de façon excessive sur le budget de l'Etat. En conséquence, si le ratio des exportations sur le PIB est supérieur à 30%, alors le critère budgétaire est retenu.

En sus, ces seuils constituent des cibles à atteindre. Ainsi, rendre la dette soutenable revient à en annuler une partie suffisamment importante pour que l'un ou l'autre de ces deux objectifs soit atteint.

3.2. Le Document de Stratégie de Réduction de la Pauvreté

Le pays impétrant est soumis à la rédaction d'un Document de Stratégie de Réduction de la Pauvreté (DSRP) car les fonds libérés par la remise de dette seront affectés à des programmes et projets de lutte contre la pauvreté et à la stimulation de la croissance économique. Le DSRP constitue le cadre à respecter pour la mise en œuvre d'une stratégie de croissance équitable et re-distributive au niveau national. Construit avec la participation de la société civile, ce document définit le profil, les causes et les moyens de combattre la pauvreté. Ce document, cadre de l'initiative PPTE mais également de celui des futures aides multilatérales et bilatérales, doit être approuvé par le Comité Monétaire et Financier du FMI et le Comité de Développement de la Banque Mondiale. L'aval donné par ces deux organismes au document présenté par les pays concernés constitue un deuxième critère d'éligibilité.

Le troisième critère d'éligibilité est la mise en oeuvre durant une période de trois ans (avec la possibilité de réduire cette période depuis l'initiative renforcée), d'un programme économique de réformes et de stabilisation macroéconomique soutenu par les Institutions de Bretton Woods afin d'offrir au pays un environnement économique propice à la croissance et à la réduction de la pauvreté. Il est question ici d'appliquer le DSRP et de le traduire en réalité tangible.

Le quatrième critère consiste à être déclaré comme pays pauvre (avoir un revenu par habitant inférieur à 785 dollars), c'est-à-dire n'être éligible qu'aux financements concessionnels de l'Association Internationale pour le Développement (IDA).

Le pays qui remplit les 4 critères atteint le « point de décision » de l'initiative PPTE. Dès lors, démarre le traitement du service de la dette pendant la « période intérimaire ». Période qui s'achève avec l'atteinte du « point d'achèvement » qui autorise le traitement du stock de la dette.

3.3. Les récipiendaires au 30 juin 2005

Ils se scindent en trois groupes : ceux qui ont atteint le « point d'achèvement », ceux qui ont atteint le « point de décision » et les autres.

Les pays ayant atteint le « point d'achèvement » de l'initiative PPTE renforcée sont au nombre de 18. Il s'agit du Bénin (juillet 2001) en avril 2003, de la Bolivie (février 2000) en mai 20001, du Burkina Faso (juillet 2000) en avril 2002, de l'Ethiopie (novembre 2001) en mai 2004, du Ghana (février 2002) en juin 2004, de la Guyane (novembre 2000) en décembre 2003, le Honduras (juillet 2000) en avril 2005, du Mali (septembre 2000) en mars 2003, de Madagascar (décembre 2000) en octobre 2004, de la Mauritanie (février 2000) en juin 2002, du Mozambique (avril 2000) en septembre 2001, du Nicaragua (décembre 2000) en janvier 2004, du Niger (décembre 2000) en mars 2004, de l'Ouganda (avril 1997) en mai 2000, du Rwanda (décembre 2000) en avril 2005, du Sénégal (juin 2000) en juin 2004, de la Tanzanie (avril 2000) en novembre 2001 et de la Zambie (décembre 2000) en avril 2005.

Quant aux pays se situant entre le « point de décision » et le « point d'achèvement », on compte le Cameroun (octobre 2000), la Gambie (décembre 2000), la Guinée (décembre 2000), la Guinée-Bissau (décembre 2000), le Malawi (décembre 2000), la République Démocratique du Congo (août 2003), Sao Tomé et Principe (décembre 2000), la Sierra Léone (mars 2002) et le Tchad (mai 2001).

Les dates entre parenthèses correspondent aux dates d'atteinte du « point de décision ».

Le Burundi, la République Centrafricaine, la Côte d'Ivoire, les Comores, le Congo, le Libéria, le Laos, le Myanmar, la Somalie, le

Soudan et le Togo n'ont pas encore atteint le « point de décision » à la date du 30 juin 2005.

D'autre part, quatre pays, en l'occurrence l'Angola, le Kenya, le Vietnam et le Yémen, sont dotés d'une dette potentiellement non viable et pourraient faire l'objet de l'initiative PPTE.

L'encours total de la dette des 27 pays qualifiés pour l'initiative PPTE (ayant atteint le « point de décision » ou le « point d'achèvement ») s'élève à environ 110 milliards de dollars, soit à peu près la moitié de la dette de l'Afrique subsaharienne. Pour ce groupe de 27 pays, la valeur actuelle nette de l'allègement se chiffre à 32 milliards de dollars. Il faut noter que la dette de ce groupe est passée de 80 milliards de dollars avant l'initiative à 32 milliards après l'initiative PPTE stricto sensu avec une réduction de 12 milliards au titre des traitements traditionnels. Finalement, après l'initiative PPTE bilatérale, elle s'établit à 28 milliards de dollars. Parallèlement le rapport du service de la dette par les recettes budgétaires est passé de 21,6% en 1999 à 15,2% en 2004 tandis que la part des dépenses publiques consacrées à la lutte contre la pauvreté augmentait de 10% en moyenne.

4. Le processus PPTE

Le processus PPTE prend naissance lorsqu'un pays est déclaré éligible à l'initiative. Il se déroule en deux temps :

- la période intérimaire,
- la date d'atteinte du « point d'achèvement ».

4.1. La période intérimaire

Dès que le pays atteint le « point de décision », il bénéficie directement d'une assistance dite intérimaire pour alléger le service de sa dette jusqu'au « point d'achèvement » où débute le traitement du stock. L'allègement intérimaire se présente selon deux dimensions : multilatérale et bilatérale.

Au niveau des bailleurs multilatéraux, la Banque Mondiale et le FMI apportent une assistance intérimaire tandis que les autres créanciers multilatéraux accordent un allègement transitoire de la dette à des conditions discrétionnaires. En particulier la Banque Africaine de Développement, grâce aux financements accordés pour l'initiative PPTE, met en œuvre des mesures d'assistance intérimaire. A cet effet, la banque Mondiale a créé le Trust Fund tandis que le FMI a mis sur place le fonds fiduciaire FRPC-PPTE.

En ce qui concerne les bailleurs bilatéraux, le Club de Paris accorde un traitement des flux aux conditions de Cologne, soit l'annulation de 90% des échéances des créances commerciales éligibles pré date butoir dues entre le « point de décision » et le « point d'achèvement ». Devant l'urgence de la situation, plusieurs pays membres du CAD ont annoncé une annulation bilatérale de la totalité des créances commerciales garanties et éligibles au Club de Paris dès le « point de décision ». Dans les faits, on assistera à l'arrêt du versement des échéances dues à ce titre entre le « point de décision » et le « point d'achèvement ». Puis, à partir du « point d'achèvement » une annulation du stock de ces créances s'ensuivra. Les autres créanciers bilatéraux et commerciaux accorderont un allègement de la dette à des conditions similaires.

Afin d'atteindre le « point d'achèvement » et bénéficier à ce moment du traitement du stock de sa dette, le pays éligible doit :

- faire la preuve de sa capacité de gestion en matière de politique économique,
- rédiger un DSRP final,
- mettre en œuvre, pendant au moins une année, les orientations du DSRP final.

Le FMI et la Banque Mondiale déclarent alors le « point d'achèvement » atteint. Celui-ci est réputé flottant dans la mesure où sa date est conditionnée à la mise en œuvre des réformes structurelles et du DSRP final.

4.2. Le traitement du stock de la dette au « point d'achèvement »

Une fois cette étape franchie et le « point d'achèvement » atteint, les allègements définitifs sont calculés sur la base d'une étude de *soutenabilité* de la dette. Le stock de la dette sera réduit de manière à atteindre un niveau d'endettement soutenable, c'est-à-dire respectant les *seuils de soutenabilité*.

Au « point d'achèvement », des allègements seront accordés par les bailleurs multilatéraux et leurs homologues bilatéraux.

Les bailleurs multilatéraux accorderont une réduction de leurs créances de manière à atteindre les *seuils de soutenabilité* en s'assurant que le partage de la remise de dette soit équitablement réparti entre les différents créanciers.

Les remises de la dette multilatérale s'effectueront en partie grâce à l'appui des bailleurs bilatéraux qui cotisent au Fonds Fiduciaire géré par l'IDA pour la Banque Mondiale et les banques de développement multilatérales, et au Fonds Fiduciaire FRPC-PPTE pour le FMI.

Les bailleurs bilatéraux du Club de Paris accorderont en sus une réduction du stock des créances commerciales éligibles suivant les Termes de Cologne. Les autres créanciers bilatéraux et commerciaux accorderont également une réduction du stock de leurs créances à des niveaux similaires.

4.3. L'initiative PPTE bilatérale

En plus des allègements accordés dans le cadre de l'initiative PPTE multilatérale calculés de manière à atteindre des niveaux d'endettement soutenables, certains bailleurs bilatéraux ont décidé d'accroître leur effort d'annulation de manière à amener la dette en deçà des *seuils de soutenabilité* ($D/X<1,5$ *et* $D/RB<2,5$).

Cette partie de l'initiative, qui commencera également une fois le « point d'achèvement » atteint, est appelée « initiative PPTE bilatérale ». Elle comprend deux types d'annulation. Lors du sommet de Cologne en 1999, les pays du G7 ont décidé de procéder pour les pays éligibles à une annulation de l'ensemble du stock de leurs créances APD pré et post date butoir. Ils ont été suivis dans leur décision par d'autres pays. Lors du sommet de Tokyo en 2000, les pays du G7 et d'autres pays ont décidé de porter le taux d'annulation du stock de leurs créances commerciales pré date butoir à 100%. C'est la première fois que les acteurs multilatéraux et bilatéraux procèdent à un traitement simultané et concerté de la dette des pays pauvres. En particulier, la France procèdera dès l'atteinte du « point d'achèvement » à une remise de dette sous forme de refinancement par dons appelé Contrat de Désendettement-Développement (C2D).

4.4. Accélération du processus sous l'action du G8

Le 11 juin 2005, les ministres des finances du G8 décident d'annuler unilatéralement la dette multilatérale des 18 pays ayant atteint le « point d'achèvement » de l'initiative PPTE. 14 pays africains sur les 34 éligibles sont concernés par cette décision. Il s'agit du Bénin, du Burkina Faso, de l'Ethiopie, du Ghana, de Madagascar, du Mali, de la Mauritanie, du Mozambique, du Niger, du Rwanda, du Sénégal, de la Tanzanie, de l'Ouganda et de la Zambie. L'annulation porte sur un montant total de 40 milliards de dollars. Cette réunion ministérielle entérine et programme deux prochaines annulations. La première portera sur 11 milliards de dollars et concernera les 9 pays actuellement entre le « point de décision » et le « point d'achèvement ». Cette annulation devra s'effectuer dans les 18 prochains mois. La seconde annulation portera sur 4 milliards de dollars et concernera les 11 pays restants. Finalement, l'allègement décidé le 11 juin 2005 portera sur un total de 55 milliards de dollars et permettra aux pays concernés d'avoir une dette remise à zéro. Le financement de cette action s'opérera de la manière suivante : 44 milliards de dollars par la Banque Mondiale, 6 milliards de dollars par le Fonds Monétaire International et 5 milliards de dollars par la Banque Africaine de

Développement. Ces mesures devront être approuvées en septembre 2005 par les assemblées générales respectives de ces trois organisations.

La Grande Bretagne propose d'instituer une « International Finance Facility » (Facilité Financière Internationale) qui permettrait aux pays PPTE de se financer par le biais d'émissions obligataires garanties par les membres du G8. La France, de son côté, propose d'instaurer une taxe sur les compagnies aériennes afin d'obtenir lesdits financements.

Le sommet du G8 prévu les 6,7 et 8 juillet 2005 entérinera ces propositions et précisera les modalités d'application.

Chapitre 3

LES ENJEUX

1. Introduction

La rédaction du DSRP fait intervenir le gouvernement du pays concerné, les populations du pays ainsi que les institutions de Bretton Woods. Il s'agit de décrire les politiques économiques qui seront mises en place pendant plusieurs années avec comme double finalité la réduction de la pauvreté et la promotion de la croissance économique. Cette description s'accompagne du chiffrage des besoins financiers, de l'allocation des ressources et de la précision des sources de financement. L'éligibilité à l'initiative PPTE, mais surtout l'atteinte du « point d'achèvement » ouvrent de nombreuses perspectives au pays impétrant. Celui-ci peut, en s'appuyant sur les objectifs de développement du Millénaire et en accord avec son DSRP, s'approprier les notions de *bonne gouvernance* économique et de *bonne gouvernance* sociale. Ce qui implique le développement des capacités de l'Etat, de la Société civile et des collectivités locales d'une part et d'autre part le rapprochement des centres de décision des administrés, de meilleurs choix économiques, une redistribution effective des retombées de la croissance attendue et une gestion de la chose publique plus rigoureuse.

2. Les objectifs de développement du Millénaire et le développement durable

2.1. Les 8 objectifs de développement du Millénaire

Les 8 objectifs de développement du Millénaire (ODM) à échéance en 2015 (Déclaration du Millénaire des Nations Unies de septembre 2000) qui servent de canevas à l'élaboration du DSRP sont les suivants :

- Objectif n°1 : *réduire l'extrême pauvreté et la faim.* Il s'agira de réduire de moitié la proportion de la population du globe ayant un revenu journalier inférieur à un dollar d'une part et d'autre part de réduire de moitié la proportion de la population qui souffre de la faim.

- Objectif n°2 : *assurer l'éducation primaire pour tous*. Il faudra donner à tous les enfants, garçons comme filles, les moyens d'achever un cycle complet d'études primaires.

- Objectif n°3 : *promouvoir l'égalité des sexes et l'autonomisation des femmes*. Il sera question d'éliminer les disparités entre les sexes à tous les niveaux de l'enseignement.

- Objectif n°4 : *réduire la mortalité infantile*. Quantitativement, le taux de mortalité des enfants de moins de cinq ans devra être réduit de deux tiers.

- Objectif n°5 : *améliorer la santé maternelle*. Le taux de mortalité maternelle devra être réduit de trois quarts.

- Objectif n°6 : *combattre le VIH/Sida, le paludisme et les autres maladies endémiques*. Il est question ici de stopper la propagation du VIH/Sida et de commencer à inverser la tendance actuelle et de maîtriser le paludisme ainsi que d'autres grandes maladies.

- Objectif n°7 : *assurer un environnement durable*. Les principes sous-tendant le concept de développement durable devront être intégrés dans les politiques nationales. Il faudra inverser la tendance actuelle à la déperdition des ressources environnementales et apporter un accès durable à l'approvisionnement en eau potable en réduisant de moitié le pourcentage de la population mondiale qui n'y a pas accès.

- Objectif n°8 : *mettre en place un partenariat pour le développement*. Il s'agit ici de mettre en place un système financier et commercial multilatéral fondé sur des règles prévisibles et non discriminatoires en favorisant la *bonne gouvernance* et la lutte contre la pauvreté. Il faudra s'attaquer aux difficultés des pays les moins avancés et veiller à appliquer le programme d'allègement de la dette des pays pauvres très endettés et augmenter substantiellement l'aide publique au développement.

2.2. Le développement durable

Toutefois, une appréhension globale s'avère nécessaire et la notion de développement durable introduite pour la première fois dans la déclaration de Rio en 1992 lors du Sommet de la Terre présente un cadre d'analyse adéquat et fort intéressant.

Le développement durable place l'homme au centre de ses préoccupations sans pour autant oublier l'économie. Il s'agit d'une approche pluridimensionnelle. A savoir :

- une dimension économique fondée sur l'objectif d'accroissement des revenus à long terme,
- une dimension sociale fondée sur l'égalité des chances et la prise en compte de l'interdépendance des communautés humaines, et enfin
- une dimension environnementale visant à préserver l'intégrité et la productivité à long terme des systèmes et des infrastructures écologiques de la planète.

Le respect de ces trois dimensions conduira à coup sûr les pays de la planète à réguler leur consommation, à mieux utiliser les ressources naturelles, à accroître leurs capacités de production et à autoriser l'accès de tout un chacun aux activités économiques.
Par ce fait, la démocratie participative servira de socle à cet édifice, les ressources renouvelables seront consommées en tenant compte de leur capacité de régénération, la pollution deviendra l'affaire de tous et le principe de précaution sera érigé en vertu cardinale.

Comme le dit si bien Saint-Exupéry « Nous n'héritons pas la terre de nos parents, nous l'empruntons à nos enfants » !

Cependant, cet édifice ne tiendra pas longtemps si le problème de la dette financière des pays du Sud n'est pas réglé, si l'accumulation du capital tant humain que physique ne s'y réalise pas, si cette partie du monde continue à être exclue des échanges et si les flux de capitaux continuent à bouder cette même destination.
Il s'agit donc d'utiliser le levier représenté par l'initiative PPTE pour atteindre les 8 objectifs de développement du Millénaire ou du moins pour s'en approcher.

Au-delà de la réduction de la pauvreté, qui demeure l'objectif phare, deux enjeux majeurs s'imposent. A savoir, la *bonne gouvernance* économique d'une part et la *bonne gouvernance* sociale d'autre part.

En ce qui concerne la *bonne gouvernance* économique, il s'agit de saisir l'opportunité présentée par l'initiative PPTE afin de poser les jalons nécessaires à une gestion saine et non dispendieuse des affaires publiques dans les pays d'Afrique subsaharienne. Gestion publique qui passe obligatoirement par :

- la précision des objectifs et des moyens à mettre en œuvre,
- l'informatisation des informations et
- le recueil précis des différentes statistiques nécessaires à la conduite de politiques économiques viables et idoines.

Ce cadre offre également la possibilité de redéployer le tissu industriel actuel dans les pays concernés et de l'orienter vers des produits d'exportation à forte valeur ajoutée. Il permet en outre de relancer la recherche fondamentale et appliquée, fer de lance de tout progrès.

La *bonne gouvernance* sociale doit, quant à elle, asseoir l'action de la société civile dans la pérennité, favoriser la participation de tous les acteurs (société civile, partis politiques, secteur public, secteur privé) à l'élaboration des politiques économiques et sociales qui les concernent en premier chef. Elle doit également conforter les Etats en développant leurs capacités à gérer la chose publique et à mobiliser les forces vives, en pérennisant leurs institutions d'une part et en favorisant l'expression de la démocratie d'autre part. Dans un souci de libération des énergies constructives et de facilitation de l'expression de l'esprit d'entreprise, elle doit en outre préciser les rôles et les devoirs de chacun et ébaucher le partage de leurs compétences tant au niveau local qu'au niveau global sans oublier de préciser si la décentralisation et/ou la déconcentration sont de mise, et surtout ne sont pas les otages d'un quelconque jeu politique. Par-dessus tout, la participation de tous les acteurs exige au préalable leur information quant aux enjeux mais également leur formation. D'où la nécessité de renforcer les capacités respectives de l'Etat et de la société civile.

Le Nouveau Partenariat pour le Développement de l'Afrique (NEPAD) créé en 2001 devra également jouer un rôle transversal dans l'appropriation de ces deux formes de *gouvernance* dans la mesure où le NEPAD se veut une vision commune des dirigeants africains alliée à une conviction ferme et partagée qu'il incombe aux africains d'éradiquer la pauvreté et de placer leur continent sur l'orbite de la croissance partagée et du développement durable tout en étant acteurs de la vie économique et politique mondiale.

La démarche, venue du continent africain, a consisté à inviter et regrouper les Etats (pour ceux qui le souhaitaient et dont les structures politiques le permettaient). Cette démarche prit des formes diverses jusqu'au NEPAD. Cette nouvelle collaboration repose sur le constat suivant : si les pays africains renforcent collectivement la gestion de leur pays, dans ses aspects politiques et économiques, ils attireront des flux plus importants de capitaux privés et publics. En retour, les dirigeants africains s'engagent, dans le cadre de ce nouveau partenariat à promouvoir une *bonne gouvernance*, incluant démocratie et lutte contre la corruption, obtenant ainsi le soutien du G8 et du FMI.

Ce nouveau partenariat mérite à double titre sa qualification de processus innovant. Tout d'abord parce que l'initiative est africaine et parce qu'elle est *collaborative*. Le NEPAD constitue en effet une proposition pour l'établissement de nouvelles bases dans les rapports entre l'Afrique et les partenaires du Nord. Il met en valeur une démarche d'appropriation par l'Afrique de son développement et manifeste une volonté de changement dans la façon pour les Africains d'appréhender leurs problèmes.

Ce nouveau partenariat est fondé sur une prise en charge directe du développement économique et social par les pays intéressés et exprime le désir de ces pays de définir leurs propres stratégies de façon autonome par rapport aux institutions et partenaires internationaux. L'essentiel de ce nouveau partenariat est de mettre sur pied une aide permettant aux Africains de faire aboutir les projets qu'ils ont eux-mêmes entrepris.

3. Objectifs et Stratégies

Le gouvernement du pays éligible à l'initiative PPTE doit en accord avec sa société civile ainsi que sa population élaborer le Document de Stratégie de Réduction de la Pauvreté. Il est alors question de décliner les 8 objectifs de développement du Millénaire en les adaptant à la réalité dudit pays et en précisant les axes prioritaires. Généralement, une enquête auprès de la population est nécessaire afin de dresser un état des lieux et d'établir le chemin à parcourir vers ces 8 objectifs quantitativement et/ou qualitativement. Par exemple, l'objectif de réduction de la pauvreté et de la faim peut consister à ramener en dessous de 25% la proportion de la population qui vit en dessous du seuil de pauvreté à l'horizon de 2015.

Un des enjeux majeurs de cette initiative est de voir réhabiliter le rôle de l'Etat. Ce dernier doit, par ses actions, favoriser l'accumulation du capital tant au niveau humain qu'au niveau physique et technique. La politique de formation et d'éducation retenue par celui-ci doit œuvrer dans le sens de l'amélioration de l'efficacité du capital humain et l'accumulation des savoirs. La relance de la recherche permet à l'Etat d'inciter à l'accumulation technique. Ce faisant, l'intervention de l'Etat induira des effets externes positifs sur le long terme. Ce résultat est corroboré par les théories de la croissance endogène chères à Barro.

Tout ceci exige de l'Etat et donc des pouvoirs publics de pouvoir planifier et effectuer des choix en terme de politiques sectorielles à long terme. L'Etat apparaît comme étant l'un des acteurs essentiels mais complémentaires de l'initiative PPTE et de ses ramifications. Il ne doit pas se substituer au marché et au secteur privé mais il doit appliquer avec ce dernier le principe de subsidiarité.

Les théories de la croissance endogène affirment que le marché est un instrument efficace de régulation du court et du moyen terme, mais que c'est l'Etat qui doit favoriser la croissance à long terme en menant une politique industrielle appropriée, en développant les infrastructures et en favorisant l'accumulation du capital humain et technique.

3.1. Les principaux axes

Partant des objectifs « chiffrés », il est alors question de préciser les politiques multisectorielles intégrées qui seront mises en œuvre afin de les atteindre. Ces politiques se déclineront selon les axes suivants :

- *Renforcement du cadre macro-économique* via la poursuite du plan triennal FASRP initié lors de l'atteinte du « point de décision » afin de mener à bien les reformes structurelles. Il s'agit également de procéder à la diversification des exportations en allant vers de nouveaux produits et en favorisant ceux à forte valeur ajoutée. Ce qui aura pour conséquence de relever le taux de croissance du PIB et par-là même de générer des retombées qui pourront servir à la réduction de la pauvreté. Le secteur industriel devra être relancé en favorisant l'émergence des petites et moyennes entreprises en relation avec la recherche.

- *Promotion du secteur privé, fer de lance du développement.* Le financement de ce secteur devra être assuré par la création de fonds d'appui et de financement, par l'essor de la micro finance et par une formation adaptée dans les instituts locaux. Le tissu d'intermédiaires financiers sera renforcé et le secteur des coopératives devra être structuré afin de participer pleinement au développement . Cette restructuration sera menée concomitamment avec celle du secteur bancaire qui ne tourne pas à plein régime, loin s'en faut ! L'esprit entrepreneurial féminin pourra être encouragé à ce niveau avec le concours d'organismes internationaux et de coopérations bilatérales.

- *Remplacement et extension des infrastructures nécessaires au développement et aide à l'accès aux ressources naturelles.* Tout d'abord, il sera question de reconstruire le réseau routier et le réseau ferroviaire qui ont été les grandes victimes des années de crise. Mais il faudra également veiller au financement de leur entretien afin d'en assurer la pérennité. Ensuite, lorsque cela sera possible, il faudra encourager la création et la multiplication d'axes routiers entre les pays voisins afin de faciliter l'avènement d'espaces économiques régionaux à l'image de la CEDEAO et de la CEEAC d'une part et de la CEMAC et de l'UEMOA d'autre part. L'accès à l'eau potable devra être généralisé tant dans le monde rural que dans les villes où la couverture des besoins élémentaires n'est que partiellement assurée. Dans un souci de préservation de l'écosystème, les populations devront être informées sur la richesse de la biodiversité du continent et de son impact sur le développement durable de l'espèce humaine.

- *Renforcement du capital humain* encore insuffisant à l'heure actuelle. Il s'agira de procéder au développement des instituts de formation supérieure professionnelle et technique en relation avec les entreprises afin d'assurer une adéquation entre l'emploi et la formation. Parallèlement à ce développement, une orientation vers les secteurs porteurs sera impulsée. Plus généralement, l'atteinte de l'objectif d'universalisation de l'enseignement primaire sera possible par la multiplication des structures d'encadrement et par la stimulation de la demande d'éducation en particulier en milieu rural. Devant les pandémies du Sida et du paludisme alliées à des taux de mortalité élevés, l'amélioration de l'état de santé général des populations s'avère primordial. L'accumulation du capital humain ne pourra se faire sans ce préalable.

- *Renforcement des capacités de l'Etat, du secteur privé, de la Société civile et des collectivités locales* avec en filigrane l'appropriation du concept de *bonne gouvernance*. Cela sera possible par l'adoption d'un cadre institutionnel clarifiant les rôles de chacun et par la restauration d'un état de droit. Il sera donc question de lutter activement contre la corruption, d'établir une culture responsable en ce qui concerne la gestion des affaires publiques, de rendre le fonctionnement étatique plus efficace et plus proche des populations en ayant recours tantôt à la décentralisation, tantôt à la déconcentration. Et surtout, il faudra aider la société civile à s'affirmer en tant que partenaire incontournable.

3.2. Les tableaux de bord économique et social

La gestion des affaires publiques consiste à choisir parmi plusieurs politiques celles qui semblent être les plus adaptées aux objectifs qui ont été fixés par les dirigeants d'un pays. Ici, l'objectif principal est la lutte contre la pauvreté avec comme corollaire la recherche de la croissance. Nous avons présenté les objectifs et les stratégies à mettre en œuvre. Il s'agit maintenant de passer à la phase concrète du processus en déclinant les différentes stratégies et en planifiant leur mise en application. Ce qui nécessite la détention d'une information fiable quant à la situation actuelle et aux besoins réels des populations. Information qui peut être obtenue en procédant d'une part à des enquêtes récurrentes auprès des foyers et d'autre part à un recueil fiable des données macro-économiques. Les statistiques ainsi obtenues conduiront à l'élaboration d'indicateurs robustes sur lesquels les stratégies susmentionnées devront s'appuyer. Il faudra en outre veiller à estimer, avec le moins de biais possibles, les recettes budgétaires escomptées et à chiffrer les sommes libérées par l'initiative PPTE tout en précisant leur affectation. Les indicateurs seront donc de deux types : sociaux et économiques

3.2.1. Le tableau de bord social

La réduction de la pauvreté passe par la définition et la mesure de celle-ci. La pauvreté est par essence relative dans chaque pays et elle concerne la frange de la population qui vit dans la précarité et en dessous de la moyenne. Elle concerne l'accès à l'eau potable, l'accès aux soins de santé, l'accès à l'éducation ainsi que la satisfaction des besoins nutritifs essentiels. Elle est complexe dans la mesure où elle se rapporte aussi bien aux personnes démunies qu'aux personnes non démunies mais n'ayant pas de possibilité de choix nonobstant la présence avérée de ressources propres. On parle d'extrême pauvreté lorsqu'une personne ne dispose pas des revenus nécessaires pour satisfaire ses besoins alimentaires essentiels. Une personne vivra dans la pauvreté générale si elle n'a pas des revenus suffisants pour satisfaire ses besoins essentiels non alimentaires ainsi que ses besoins alimentaires.

La première étape consiste alors à calculer le « seuil de pauvreté », c'est-à-dire le niveau de revenu ou le niveau de consommation (sur base du nombre de calories minimum requis) en deçà duquel on est considéré comme étant pauvre. Ce seuil sera variable chaque année et devra être affiné et recalculé sur la base d'enquêtes annuelles portant sur un échantillon représentatif de familles. Ces enquêtes seront complétées par des évaluations participatives car la population ciblée est par définition la mieux placée pour exprimer son vécu en terme d'évolution et de perception de la pauvreté. D'autre part, ce seuil sera ajusté en milieu urbain aussi bien qu'en milieu rural d'autant plus que l'acuité de la pauvreté est plus forte en milieu rural. La connaissance de ce seuil donnera le pourcentage de la population vivant sous le « seuil de pauvreté ». Il sera alors possible de fixer un objectif en terme de pourcentage et de préciser les politiques (désenclavement, développement d'infrastructures, lutte contre les pandémies, relance du secteur éducatif, électrification, développement de projets hydrauliques, lutte contre le chômage, adéquation de la formation technique aux réalités locales, ouverture des marchés régionaux ...) à mettre en œuvre pour atteindre graduellement ledit objectif.

Ce premier indicateur sera complété par l'indicateur de développement humain (IDH) d'une part et par l'indicateur de pauvreté humaine (IPH). Ce dernier étant le mieux indiqué dans un premier temps.

L'IDH est un indicateur composite défini par le Programme des Nations Unies pour le Développement (PNUD) et utilisé depuis 1990. Il combine trois éléments :

- l'espérance de vie à la naissance,
- le niveau d'instruction mesuré par le taux d'alphabétisation des adultes (pour 2/3) et le taux brut de scolarisation tous niveaux confondus (pour 1/3),
- le revenu mesuré par le PIB réel par habitant.

En 1997, Le PNUD a complété l'indicateur de développement humain (IDH) par un indicateur spécifique de la pauvreté, en l'occurrence, l'indice de pauvreté humaine (IPH), qui repose sur trois variables :

- le risque de mourir avant 40 ans,
- le taux d'analphabétisme parmi les adultes,
- les conditions de vie mesurées à la fois par l'accès aux services de santé, l'accès à l'eau potable et la sous-nutrition chez les enfants de moins de cinq ans.

L'idée sous-jacente développée dans le Rapport mondial sur le développement rédigé en 1997 par le PNUD est que « si le bien-être ne peut se résumer au revenu, la pauvreté ne peut se résumer à l'insuffisance du revenu ». La pauvreté n'est pas uniquement monétaire, elle peut également être humaine, c'est-à-dire résulter de l'absence de capacités humaines. Ce qui est le cas lorsque l'analphabétisme, la malnutrition, l'absence de santé maternelle et la réduction de la longévité sont présents. Cette dimension de la pauvreté est mesurée par l'IPH qui vient ainsi compléter l'IDH.

Le PNUD a par la suite adapté sa définition de la pauvreté humaine au contexte spécifique des pays industrialisés en ajoutant une quatrième variable, en l'occurrence le taux de chômage de longue durée.

3.2.2. Le tableau de bord économique et financier

La gestion de la dette publique peut être élaborée au travers d'un tableau de bord englobant les indicateurs de gestion, les seuils imposés (initiative PPTE) ou à atteindre (exigence de la zone Euro par exemple) et les signaux émanant de la dynamique de gestion.
Dans tous les cas de figure, l'interprétation de ce tableau de bord devra permettre de porter un jugement sur la qualité de la gestion de la dette et de prendre en considération les signaux émis par cette gestion et d'en donner une interprétation. C'est dans cette perspective que la *Deficit Duration* (DD) et la Surcapacité de Service de la Dette (SSD), qui seront explicitées au sein de la *bonne gouvernance* économique, véhiculeront de l'information sur

la capacité d'endettement et le potentiel d'investissement du pays en question.

Ce tableau de bord sera caractérisé par trois niveaux d'appréhension comme indiqué ci-dessous :

- *Premier niveau : les indicateurs PPTE*

Alpha= D/RB inférieur à 250%
Bêta = SD/RB inférieur à 25%
Gamma = SD/X inférieur à 15%
Delta = D/X inférieur à 150%

- *Second niveau : les indicateurs de la zone Euro*

Phi = D/PIB inférieur à 60%
Rhô = SB/PIB inférieur à 3%

- *Troisième niveau : les indicateurs de gestion dynamique de la dette*

La Surcapacité de Service de la Dette est supérieure à 0
Deficit Duration : la capacité d'endettement doit être supérieure au déficit budgétaire.

Dans ce qui précède D, RB, SB, SD et X représentent respectivement le stock de la dette, les recettes budgétaires, le solde budgétaire, le service de la dette et les exportations.

4. La *bonne gouvernance* économique

Le fer de lance de la *bonne gouvernance* économique dans le contexte de la réduction de la dette est sans conteste la gestion de celle-ci et par voie de conséquence la gestion du budget de l'Etat. Nous proposons un schéma de gestion dynamique de la dette des pays éligibles à l'initiative PPTE qui s'appuie sur deux concepts, la *Deficit Duration* et la Surcapacité de service de la dette. Cette gestion s'insère dans le DSRP et nécessite le recueil d'informations relatives à la situation sociale et à la situation économique du pays concerné. Ces informations seront recueillies par le biais d'enquêtes régulières auprès des ménages représentatifs de la population mais également au travers d'entretiens directifs ou semi directifs menés avec les populations concernées. Ceci conduira à l'élaboration d'indicateurs sociaux et économiques qui serviront de socle à la mise en place des politiques économiques de lutte contre la pauvreté et de relance de la croissance. Il sera question de redéployer les produits d'exportation et de redéfinir les politiques industrielles en veillant à relancer la politique de recherche. Tout ceci s'organisera autour de la gestion du risque pays en vue de procéder à l'attraction des capitaux étrangers dans une perspective de sortir de la spirale du sous-développement.

4.1. La gestion dynamique de la dette

L'initiative PPTE est avant tout financière car elle consiste à alléger le fardeau de la dette et par conséquent elle se rapporte en premier chef à la gestion du budget public. Cependant, son champ d'application est plus vaste car elle est dotée de conditionnalités.

Partant de l'affectation des recettes et des dépenses du Budget de l'Etat, nous définirons les notions de *Deficit Duration* et de Surcapacité de service de la dette qui autoriseront une gestion dynamique de la dette. Le budget, en grandes masses, se présente avec des charges et des produits. Les charges sont de fonctionnement (CF), d'investissement (CI) ou liées au service de la dette (SD) tandis que les produits correspondent aux recettes budgétaires (RB). L'équilibre est assuré par le solde budgétaire (SB).

L'initiative PPTE réduit en premier le service de la dette et le stabilise au quart des recettes budgétaires ($SD = 0{,}25\ RB$) dégageant un montant (RPPTE) pour des investissements définis dans le cadre du document stratégique de réduction de la pauvreté (DSRP). A ce stade, la capacité d'endettement est nulle et il faut déterminer la durée nécessaire pour faire passer le déficit budgétaire à un niveau qui permette, compte tenu de sa capacité de remboursement, de pouvoir contracter un emprunt couvrant en totalité le déficit courant. Pour cela, il faut intégrer le fait que l'initiative PPTE induise annuellement des investissements supplémentaires à hauteur de *RPPTE* qui dégageront chaque année un flux égal à *r* x *RPPTE* où *r* désigne la rentabilité desdits investissements. Rentabilité qui sera faible au début et pourra par la suite augmenter. Le flux ainsi généré accroîtra les recettes budgétaires et sera affecté à la réduction du déficit budgétaire jusqu'à ce que celui-ci puisse être financé par la capacité de service de la dette.

4.1.1. La Deficit Duration (DD)

Le pays réduira, au fur et à mesure, son déficit en utilisant le résultat de l'investissement des flux PPTE jusqu'à ce que le niveau du déficit corresponde au montant d'un emprunt dont le service serait entièrement assuré par les flux générés par les investissements PPTE. La date témoin de cette situation sera appelée *Deficit Duration* et sera d'autant plus éloignée que :

- le solde budgétaire initial est important,
- le flux généré par les ressources libérées est faible,
- la rentabilité des investissements est faible,
- le taux d'intérêt des futurs emprunts est élevé,
- le montant de la remise PPTE est faible.

Après la date fournie par la *Deficit Duration*, le déficit budgétaire peut être entièrement absorbé par un emprunt dont le service sera assuré par le résultat de l'investissement des flux provenant de l'initiative PPTE. Connaissant les flux découlant de l'initiative PPTE ainsi que le déficit courant, le pays est à même de savoir exactement à quel moment son déficit budgétaire sera ramené à un niveau soutenable.

A compter de ladite date se posera le problème du recours à de nouveaux emprunts dans le but de procéder à de nouveaux investissements. Le pays étant solvable, il peut se retourner vers les organismes de financement et en théorie vers les marchés financiers internationaux.

4.1.2. La Surcapacité de service de la dette (SSD)

On peut, chaque année, déterminer la surcapacité de service de la dette (SSD) en comparant le service réel de la dette avec le service théorique provenant des conditions PPTE, à savoir 25% des recettes budgétaires. La surcapacité de service de la dette exprimée en valeur, chaque année, sera alors égale à la différence existant entre le service réel et le service théorique. L'expression de cette même capacité en pourcentage s'obtient en divisant l'écart précédant par la valeur des recettes budgétaires. Ce qui donne un certain nombre de points de base au-dessus (respectivement en dessous) du seuil PPTE lorsque le service théorique est supérieur (respectivement inférieur) au service réel. L'utilisation de points de base devient de ce fait aisée pour déterminer, en cas de besoin, la SSD exprimée en valeur. Il suffit de diviser le nombre de points de base par dix mille et ensuite de multiplier le résultat ainsi obtenu par la valeur des recettes budgétaires.

La SSD est un signal en direction de la communauté internationale indiquant que le pays concerné est apte à assurer le service de sa dette et dégage des excédents l'autorisant à procéder plus tard à de nouveaux emprunts en vue de financer des investissements en biens collectifs ou non.

Dans le cadre de sa gestion dynamique, le pays atteindra dans un premier temps la *Deficit Duration* en affectant les recettes issues de l'investissement des ressources PPTE à la réduction du déficit budgétaire. Lorsque ce point sera franchi, la communauté internationale l'interprétera comme un signal positif de saine gestion ou de manière équivalente de *bonne gouvernance* économique. Dès cet instant, le pays concerné pourra opter pour la poursuite de cette politique de réduction du solde budgétaire afin de le conduire en dessous de son niveau soutenable ou alors choisir d'investir en empruntant.

4.2. Le redéploiement industriel. Le développement de la Recherche

L'initiative PPTE offre une opportunité aux pays récipiendaires de pouvoir mener à bien plusieurs réformes structurelles, à savoir :

- redéfinir leurs politiques industrielles,
- faire jouer les synergies régionales,
- augmenter la taille de leurs marchés régionaux en les structurant,
- se tourner vers des produits à forte valeur ajoutée,
- modifier la structure des exportations en augmentant par exemple la part des services,
- relancer le développement de l'activité de recherche.

Cette dernière permettra de mieux choisir les secteurs porteurs et participera à la définition des politiques sectorielles adaptées aux pays concernés.

4.2.1. Le redéploiement industriel

Il est avéré que les exportations des produits de base qui représentent actuellement près des trois-quarts des recettes en devises ne permettent plus au continent africain de financer son développement tant au niveau des infrastructures que du capital humain. Cette extrême dépendance affaiblit l'Afrique subsaharienne dans sa lutte contre la pauvreté. Certes, le problème est ancien mais les solutions qui ont été appliquées n'ont pas donné les résultats escomptés. Il est temps de poser la problématique de la diversification des produits d'exportation concomitamment avec celle du redéploiement du tissu industriel.

Tout d'abord, il nous faut accepter que le retrait de l'Etat dans le secteur des produits de base et essentiellement dans le secteur agricole n'a pas conduit ledit secteur à se développer et générer des recettes suffisantes. Il s'avère donc nécessaire de redonner à l'Etat le rôle qui était le sien tout en définissant ses modalités d'intervention et surtout son cadre institutionnel. Le DRSP, dans la définition des politiques et des axes prioritaires, peut permettre une telle mise en perspective avec une participation de l'Etat au niveau de la formation des acteurs des filières de produits de base, de la définition et de l'appropriation de normes de qualité entre autres. Ce qui nécessite le renforcement des capacités du secteur public.

La diversification devra s'orienter vers des produits à forte valeur ajoutée mais en accord avec les différents partenaires régionaux afin de ne pas fragiliser, à terme le futur tissu industriel. Cette diversification se fera tant verticalement qu'horizontalement.

4.2.2. La constitution d'un Fonds d'Investissement et de Développement des Entreprises (FIDE)

Dans le cadre de la lutte contre la pauvreté, la constitution d'un fonds d'investissement et de développement des entreprises pourrait être un levier de développement important. Il s'agit de créer une banque de développement ayant vocation à financer des activités agro-industrielles et manufacturières à fort potentiel de création de valeur et d'emplois.

L'objectif assigné à cette banque serait de participer à l'industrialisation du pays en intervenant à trois niveaux : la création, le développement et la restructuration ou reconversion des entreprises.

Les fonds propres du FIDE pourraient être constitués en proportion de 25% de fonds publics libérés dans le cadre de la remise de la dette de 75% d'apports de soutien sous forme d'aide directe de pays amis ou de l'Union Européenne. Ces fonds propres seront complétés par des emprunts à solliciter d'une part auprès des grandes institutions internationales comme la Banque Mondiale ou la BAD et d'autre part auprès des marchés financiers.

Le FIDE devrait être le levier par lequel le pays impétrant serait amené à générer des conditions de croissance économique et de développement des compétences dont les conséquences devraient se matérialiser par :

- une génération de revenus,
- une création d'emplois,
- un transfert de technologie,
- un développement des activités de formation, de recherche et de développement,
- un rayonnement international.

Il aurait un objectif clairement identifié : augmenter de manière significative la proportion de l'activité agro-industrielle et manufacturière dans le PIB national.

Pour ce faire, des orientations précises devront être prises dans les choix des investissements à financer en ce qui concerne les matières premières et les produits. Les produits devront répondre prioritairement à une demande locale de la sous-région subsaharienne. Les matières premières devront quant à elles provenir, prioritairement de la sous-région. Pour ce qui concerne la technologie, elle devra intégrer les nouvelles technologies afin de générer des activités de recherche-développement et de formation de niveau international.

4.2.3. Le financement d'investissements nouveaux par emprunts

Lorsque le pays atteindra le seuil donné par le *Deficit Duration* où il assurera le service de ses emprunts et dégagera une capacité d'emprunt suffisante, il pourra alors lancer de nouveaux investissements financés par des emprunts effectués aux conditions du marché et tenant compte de son historique prévalant depuis la mise en œuvre de l'initiative PPTE. Les signaux émis par la saine gestion prendront ici toute leur importance et permettront aux pays bénéficiant d'une gestion satisfaisante en vertu des critères internationaux de se différencier des autres. Ainsi que le prévoyait la théorie des signaux, le signal émis aura été coûteux car le pays devra non seulement concentrer ses efforts sur la réduction de son déficit budgétaire mais également sur la rentabilité des investissements lancés par l'Etat.

De plus, les investissements envisageables à partir de cette date ne seront pas nécessairement ceux en biens collectifs car le pays aurait au contraire tout intérêt à privilégier les investissements publics et privés productifs. Cette politique d'investissement pourrait être instaurée par la création d'un fonds spécial dans lequel le pays investirait un montant égal à celui qu'il est apte à emprunter tandis que les bailleurs de fonds internationaux abonderaient pour le même montant. Ce fonds spécial servirait à financer des projets initiés par le secteur privé et pourrait jouer le rôle d'un plan Marshall permettant de relancer l'investissement dans les pays éligibles après l'atteinte de la *Deficit Duration*. Lequel fonds aiderait les pays concernés à réaliser plus rapidement les objectifs macro-économiques liés à la croissance des recettes budgétaires.

4.2.4. La recherche

La relance et le développement de la recherche peuvent se concevoir par le biais de deux grands axes : un axe public et un axe privé.

L'axe public est celui à travers lequel l'output est considéré comme un bien collectif. La recherche est davantage orientée vers une approche fondamentale qui possède parfois des applications pratiques. Son financement est essentiellement effectué par des fonds publics. Elle est organisée autour des centres de recherche publics et des universités publiques ou privées.

En ce qui concerne l'axe qualifié de privé, l'output relève d'une propriété privée. Cette recherche est par essence expérimentale ou appliquée, parfois fondamentale. Elle est majoritairement financée par des fonds d'origine privée. Elle est structurée autour de trois pôles : les centres de recherche plutôt privés, les universités généralement privées et les entreprises.

Le développement d'une recherche privée pourrait s'asseoir sur un schéma original qui positionnerait l'entreprise comme un des piliers fondateurs d'une dynamique vertueuse au sein de laquelle les différents acteurs de la recherche participeraient à la préoccupation de la lutte contre la pauvreté. Laquelle dans cette perspective consistera à créer des conditions favorables au développement économique à travers la création de revenus et d'emplois et au développement des compétences et des savoirs techniques à travers le transfert de technologie et la promotion de formations techniques induites.

L'originalité de cette recherche privée repose sur une dynamique créée par un triumvirat « recherche-entreprise-formation ». Triumvirat au sein duquel l'entreprise, de par son objet, créera les conditions favorables à l'épanouissement de la recherche. Simultanément, la recherche à travers les résultats obtenus créera de l'innovation tandis que la formation par son application apporte une plus-value en termes de compétence. L'entreprise en tirera un intérêt évident, elle pourra également, en relation avec les pôles de recherche que sont les laboratoires privés ou publics, redéployer l'effort consenti à la recherche et créer des synergies dans une optique d'obtention de gains mutuellement partagés en évitant la lourdeur de l'appareil administratif.

Placer l'entreprise au cœur de ce système dynamique consiste à :

- mettre en place un dispositif spécifique de financement des entreprises agro-industrielles à l'instar du FIDE,
- faire en sorte que le financement de ces entreprises soit conditionné par la création ou le développement d'une activité de recherche et développement (R&D) et d'une recherche appliquée voire fondamentale qui se ferait en association avec un ou plusieurs partenaires spécialisés en recherche (centres de recherche ou universités),
- établir que la relation entre l'entreprise et les partenaires de recherche prenne la forme d'un contrat tripartite entre le financeur, l'entreprise et les partenaires.

Cette dynamique s'inscrit dans une logique de « triangle vertueux » à travers laquelle le financement des entreprises conduit au développement du tissu agro-industriel qui génère à son tour les conditions de développement économique (transfert de technologie, création de richesse, formation, amélioration de la productivité ...) et donc de réduction de la pauvreté.

Le processus devrait en toute logique permettre de retrouver à terme les conditions permettant de générer sur fonds propres les nouvelles ressources de financement.

4.3. La gestion du risque-pays. Le cercle vertueux de la croissance

4.3.1. Les pays émergents

Le développement des marchés émergents est l'un des changements les plus marquants des années quatre-vingt. Pendant longtemps dans les pays en voie de développement, l'émergence de marchés financiers locaux a été freinée par plusieurs facteurs : la faiblesse du revenu national, le bas niveau de l'épargne, le contrôle de l'économie par l'Etat et un système financier essentiellement basé sur l'emprunt. Les problèmes posés par la dette de ces pays les ont conduit à réduire les prêts, à procéder à des privatisations ainsi qu'à libéraliser l'économie, donc à créer des conditions favorables à l'avènement d'un marché financier local. Ils ont été aidés en cela par un taux de croissance rapide et soutenue ainsi que par l'émergence d'une épargne domestique.

Un organisme de la Banque Mondiale, en l'occurrence l'IFC (International Finance Corporation) créé en 1956 a pour objet le financement des projets dans les pays en voie de développement. L'IFC a financé plus de 2000 projets dans 134 pays en développement en prêtant plus de 23 milliards de dollars à ce jour. L'IFC publie annuellement un rapport sur la situation des pays émergents et plus particulièrement celle des marchés financiers émergents. D'autre part, il existe depuis 1981 un indice IFC qui permet d'évaluer la performance desdits marchés.

En ce qui concerne la classification des pays émergents, l'IFC considère comme émergent tout marché financier en transition dont la taille et l'activité augmentent ainsi que le niveau de sophistication. Sa classification s'effectue selon deux dimensions :

- la localisation dans un pays à faible revenu ou à revenu intermédiaire : c'est-à-dire un revenu par tête inférieur à 785 dollars ou compris entre 785 dollars et 3125 dollars,
- la faiblesse de la capitalisation boursière par rapport au PIB.

4.3.2. La quête de capitaux étrangers et la gestion du risque-pays

L'investissement direct étranger (IDE) doit permettre sous certaines conditions de rompre la spirale infernale du sous-développement en venant suppléer l'épargne locale. Epargne réputée faible qui n'autorise pas l'investissement et par conséquent ne favorise ni le progrès ni l'enrichissement. Ce faisant, elle ne participe pas à la réduction de la pauvreté. L'investissement direct complétera l'épargne locale et permettra la réalisation d'investissements importants qui généreront des gains de productivité. Gains qui conduiront à une hausse des revenus et de ce fait à sortir du sous-développement. Toutefois, l'investissement direct peut également créer des distorsions sur le marché local qui est souvent un marché imparfait et surtout non intégré. Ce qui est fort préjudiciable pour le pays hôte. De plus, la gestion de ces flux de capitaux, entrées et sorties, peut aussi peser sur la balance des paiements et sur la politique de change sans oublier les effets qu'elle peut avoir sur la politique monétaire du pays réceptionniste. Il faut donc veiller à l'orienter vers les secteurs stratégiques et contrôler ses flux. Cependant, attirer des capitaux nécessite l'assentiment des investisseurs et ceux-ci sont plus ou moins averses au risque-pays. Le risque-pays apparaît tantôt sous la forme d'un risque politique, tantôt sous la forme d'un risque économique et financier ou plus généralement sous une forme traduisant la matérialisation d'un sinistre mettant en danger la réalisation des objectifs visés par les apporteurs de capitaux. La dichotomie entre les deux formes de risque-pays précitées est purement sémantique car dans la pratique elles se confondent et interagissent entre elles.

Les pays émergents sont le lieu par excellence d'opportunités de rentabilité accompagnées de menaces tant sur le plan économique, social que politique. Leur attractivité n'est plus à démontrer mais l'appréhension des risques qu'ils recèlent doit se faire en respectant le triptyque identification-évaluation-traitement.

Identification, en considérant divers facteurs à l'image de la stabilité politique, du déficit budgétaire, de la balance des paiements, du service de la dette, de l'incertitude sur les droits de propriété ou encore de la fuite des capitaux.

L'évaluation du risque politique s'effectue en prenant en compte cinq familles de facteurs significatifs : la stabilité politique, l'état de l'économie, les facteurs subjectifs, l'incertitude sur les droits de propriété et la fuite des capitaux.

La mesure de la stabilité politique comprend la fréquence des modifications du gouvernement, le niveau de violence dans le pays et l'existence de conflits avec les autres Etats. Le but est de savoir pendant combien de temps le gouvernement actuel restera au pouvoir et pourra renforcer ses garanties aux investisseurs étrangers. Ces derniers pensent que plus le gouvernement est stable, plus l'investissement sera moins risqué.

Les facteurs économiques à analyser sont principalement l'inflation, la balance des paiements, l'endettement, le service de la dette et le taux de croissance du PIB. Ces indicateurs doivent permettre de déterminer l'état de santé de l'économie. Une inflation maîtrisée et faible ainsi qu'une croissance soutenue sont des éléments qui participent au bon état général d'une économie. De même, le déficit budgétaire exprimé sous la forme d'un pourcentage du produit intérieur brut est un indicateur fiable de l'évolution dudit état. Plus le déficit sera important, plus l'économie aura des chances de se trouver en difficulté.

La réponse d'une économie aux chocs tels que les changements relatifs des prix ou des modifications de revenus est fonction de sa plus ou moins forte flexibilité. Flexibilité qui sera réduite par le système de contrôle des changes et qui conduira à l'exacerbation de la détérioration des termes de l'échange. Un pays excessivement endetté et ployant sous le service de sa dette ne peut mener de politique économique et sociale cohérente. Le risque d'explosion sociale est non négligeable.

Les facteurs subjectifs sont quant à eux fournis par la perception qu'ont les étrangers du comportement des autorités du pays à l'égard du secteur privé. Ces autorités jugent si le secteur privé est nécessaire et s'il faut encourager son développement. Ces facteurs subjectifs peuvent être cristallisés dans un indice tel le Profit Opportunity Recommandation (POR) qui agrège les sentiments de plusieurs experts en prenant également en compte le climat politique du pays.

Le risque sur les droits de propriété provient de la possibilité que détient le gouvernement de modifier ces droits ou de procéder à des expropriations. Le BERI fournit un indice permettant de mesurer l'incertitude sur les droits de propriété.

La fuite des capitaux résulte de la volonté des citoyens d'un pays à exporter leur épargne vers l'étranger de par leur crainte quant à la sûreté de leur capital chez eux. C'est un excellent indicateur du risque politique. Toutefois, la fuite des capitaux est difficile à mesurer car elle n'est pas directement observable. Les personnes responsables des sorties illicites de capitaux ne le crient pas sur les toits ! C'est la raison pour laquelle, elle n'apparaît pas implicitement dans les modèles présentant les déterminants des flux de capitaux. Néanmoins, on peut utiliser la balance des paiements et tout particulièrement la rubrique intitulée « erreurs et omissions » comme indicateur ou proxy de l'ampleur de la fuite des capitaux. Généralement, la fuite des capitaux a pour origine les régulations gouvernementales, le contrôle des changes, le niveau élevé des impôts et des taxes qui réduit la rentabilité localement, l'imminence d'une dévaluation mais également de manière plus générale le risque politique. Par conséquent, si la fuite des capitaux est importante, cela signifie que les autochtones perçoivent du risque politique chez eux.

Plus généralement, l'évaluation du risque est assurée par les notations émanant de la Moody's et de la Standard and Poor's d'une part et des classements donnés par le Business Environmental Index (BERI), le World Political Risk Forecast (WPRF), les magasines économiques tels que Institutional Investor ou Euromoney d'autre part et également par des indices plus disparates à l'instar de l'Indice de Perception de la Corruption (IPC) de Transparency International.

Après avoir été analysé, le risque-pays doit être traité par le pays concerné en utilisant les possibilités offertes aux investisseurs et aux pays hôtes pour transférer, réduire ou éliminer tout ou partie dudit risque. Le *traitement* du risque-pays se fait en sus par le recours à une couverture auprès d'établissements tels que l'OPIC (Overseas Private Investment Corporation) aux Etats-Unis, la COFACE en France, la SEE au Canada et le MIGA (Multilateral Investment Guarantee Agency) une filiale de la Banque Mondiale pour le monde entier.

Le choix des politiques idoines à appliquer dans le cadre de l'initiative PPTE permettra de réduire le risque-pays. La lutte contre la corruption et l'assainissement des affaires publiques concourront à réduire les risques de fuite de capitaux et amélioreront l'attractivité du pays en ce qui concerne les IDE. La dimension économique pourra être stabilisée par les politiques structurelles évoquées plus haut et par la volonté de redéployer le portefeuille des produits d'exportation. L'affermissement de l'expression de la société civile et le rapprochement des centres de décisions d'avec les populations permettront la réduction du risque politique surtout lorsque les institutions étatiques seront renforcées d'une part et que d'autre part les représentants du peuple seront élus démocratiquement.

Bref, il appert que les axes retenus dans le cadre des objectifs et des stratégies s'avèrent être porteurs de solutions quant à l'attraction des capitaux étrangers et par voie de conséquence vers la sortie de la spirale du sous-développement.

5. La *bonne gouvernance* sociale

La *bonne gouvernance* sociale ou humaine se caractérise par trois dimensions : maîtrise, équité et responsabilité. Maîtrise car elle doit servir l'intérêt des populations et se doit donc d'être participative. Equitable car elle a pour objectif de créer une société libre et égalitaire où l'égalité des chances est garantie à tout un chacun. Enfin responsable, car elle s'appuie sur des institutions et des structures qui doivent être transparentes et surtout qui doivent rendre des comptes aux populations.

La population est au centre du débat. Fait nouveau : il s'agit de mener des politiques économiques pour la population et avec la population. Ceci est d'autant remarquable que pendant des années la population a été laissée de côté dans le processus d'endettement. Elle n'a jamais eu son mot à dire. Les décisions d'endettement, de traitement de la dette et de négociation des plans d'ajustement structurel n'ont jamais été discutées démocratiquement et n'ont jamais fait l'objet d'un quelconque consensus. Sauf entre gens bien pensants, c'est-à-dire entre quelques technocrates des administrations centrales des états demandeurs et leurs confrères des organismes internationaux et des pays du Nord. Tout se décidait à huis clos. Ce qui a permis à plusieurs dirigeants anti démocratiques et rejetés par leur population de continuer à conserver les rennes du pouvoir nonobstant l'incurie de leur gestion !

Il était courant de vouloir être le « bon élève » du FMI. Ce qui confinerait au ridicule si des vies humaines n'avaient été sacrifiées. En effet, appliquer à la lettre les plans d'ajustement structurel ayant conduit au degré de paupérisation actuel, augmenter les taxes en réduisant simultanément les prestations et les actions sociales et éducatives de l'Etat, privatiser à tout va en soldant des pans entiers du tissu économique, ouvrir ses marchés encore au stade embryonnaire à des produits étrangers déjà fortifiés, permettaient de se targuer d'avoir l'oreille des organismes de Bretton Woods où l'on pouvait y faire carrière, soit faire carrière dans son pays dans l'administration centrale chargée des finances et de l'économie. Bref, on était un pantin désarticulé dont les gesticulations frénétiques allaient conduire inéluctablement à la situation actuelle.

L'Etat, dans sa volonté de désengagement dictée par les conditionnalités des plans d'ajustement structurel abandonna une partie de ses prérogatives aux organisations non gouvernementales qui étaient financées en partie par les institutions internationales.

L'élan démocratique qu'a connu le continent au début des années quatre-vingt a été en partie stoppé par l'octroi de nouvelles aides et le traitement d'anciennes dettes nonobstant des situations économiques désastreuses et des situations politiques délicates. Ce fut le cas dans plusieurs pays d'Afrique Centrale et d'Afrique de l'Ouest où les conventions nationales furent circonscrites. Cette même période fut le témoin de l'élaboration de nouvelles constitutions qui donnaient la part belle à la démocratie participative et à l'expression de la volonté des citoyens. Toutefois, il s'agissait pour l'essentiel de leurre car très vite les gouvernants reprirent d'une main ce qu'ils donnaient de l'autre. Plusieurs de ces constitutions ayant fait de la décentralisation leur fer de lance ne furent pas appliquées et dans certains pays coexistent à l'heure actuelle plusieurs constitutions !

Il est donc question au travers de l'initiative PPTE, qui s'appuie sur la participation de tous les acteurs, de revoir ces constitutions et mettre en place des institutions garantissant une réelle démocratie participative en s'appuyant simultanément sur la décentralisation et la déconcentration. Ce qui requiert la formation des différents acteurs, la restructuration de l'Etat et l'appui des capacités des uns et des autres. Les enjeux sont donc à la fois sociaux, politiques et institutionnels.

5.1. La Société civile

5.1.1. La nécessité

Généralement, l'expression des desiderata des populations se fait par le truchement des partis politiques. Mais force est de constater que ceux-ci se soucient peu des intérêts des populations qu'ils sont sensés représenter, si ce n'est à la veille des échéances électorales où une pluie de billets de banque s'abat sur lesdites populations et une kyrielle de réalisations est ébauchée. Et ce, afin de protéger les intérêts d'une oligarchie désirant se perpétuer au pouvoir malgré les ressentiments de la population.

Devant cet état de chose procédant de l'échec du débat politique, des représentants et des acteurs issus de la population ou de l'étranger se dressent alors devant les forces politiques et les représentants de l'Etat afin d'exprimer la volonté de la population et surtout de procéder à la réalisation de programmes, généralement sociaux, négligés par les partis politiques et les gouvernants. Ce faisant, cette entité diffuse et à la géométrie variable selon les pays prend le nom de société civile.

5.1.2. La définition

La société civile peut être constituée d'organisations non gouvernementales, de syndicats, d'associations confessionnelles ou non, de fortes personnalités. Elle sonne le glas des partis politiques et plus généralement de la chose politique car les populations frustrées par des décennies d'échecs et de manipulations politiciennes se détournent de la politique. Ceci est d'autant plus cuisant que l'Etat post-colonial a échoué dans sa quête du développement en Afrique. La présence de la société civile modifie les règles du jeu entre les partis politiques et l'Etat en instaurant bon gré mal gré une tripartite : Etat–Société civile–Partis politiques.

On peut définir la société civile comme étant l'ensemble des relations et des rapports qui se nouent en dehors de l'intervention de l'Etat. Bref, il s'agit du complémentaire de l'Etat dans la société. Néanmoins, la relation avec l'Etat est étroite et inéluctable. Le PNUD la représente comme une sphère au sein de laquelle s'organisent les mouvements sociaux et dans son rapport daté de 2003, le PNUD estime que « l'engagement citoyen, une résultante de cette volonté populaire, n'est efficace que dans la mesure où il s'inscrit dans une société civile bien organisée. L'une des avancées significatives de ces dix dernières années est l'influence grandissante des organisations et des réseaux de la société civile aux échelons local, national et mondial, dans la mise en œuvre des changements politiques ».

5.1.3. L'influence

L'influence de la société civile dépend étroitement des conditions qui ont prévalu lors de sa naissance et tout au long de son édification non encore achevée. Sa participation à la constitution du DSRP est emblématique dans la mesure où pour la première fois elle est associée, sans arrière pensée politique et politicienne, à l'élaboration du projet national. On serait libre de s'interroger sur sa réelle participation, sur sa représentativité mais également sur son impact tant à l'intérieur qu'à l'extérieur du pays. Et ce, avec d'autant plus d'acuité qu'elle n'avait auparavant pas droit de citer ou si peu d'une part et que d'autre part, elle ne s'était pas toujours manifestée sur la scène politique. Ce faisant, elle doit également voir ses capacités renforcées afin d'être un véritable interlocuteur et non un pantin !

5.1.4. La contrainte de subsidiarité

La société civile doit également satisfaire au principe de subsidiarité. C'est-à-dire à la répartition des rôles au sein de la société entre la société civile et l'Etat. Elle ne doit pas se substituer à l'Etat et briguer ses fonctions régaliennes. Elle doit au contraire s'affirmer partout où l'Etat ne peut être efficient et ce en complémentarité avec ce dernier.

Il faut en outre se garder de l'associer à l'opposition politique comme le font plusieurs dirigeants africains qui en profitent pour la réduire au silence et l'empêcher de s'exprimer. C'est généralement le cas lorsqu'il s'agit d'organisations de droits de l'homme qui vilipendent les gouvernants commettant des exactions contre leur population. Marginaliser la société civile serait une grave erreur qui conduirait à inhiber la volonté populaire et réduire le principe de subsidiarité à sa plus simple expression.

Plus l'Etat verra ses capacités renforcées et ses institutions sécurisées, plus la société civile aura droit de citer et le triptyque Etat-Société civile-Partis politiques en sortira renforcé.

5.2. L'implication des populations

La réduction de la pauvreté ne peut se faire sans la participation active des populations concernées. C'est dans cette optique que l'initiative PPTE s'appuie sur trois piliers : le suivi d'exécution, le suivi d'impact et le suivi participatif.

5.2.1. Le suivi d'exécution

Le suivi d'exécution consiste à suivre la réalisation effective des programmes lancés dans le DSRP. Ce suivi sera coordonné par l'Etat, la société civile, le secteur privé, les institutions financières internationales et les populations. Ceci exigera la tenue de réunions de concertation et d'échanges entre les différents acteurs ainsi qu'un suivi budgétaire et informatique au niveau de l'Etat. Ce qui nécessitera la mise en place de procédures de contrôle et d'audit tout au long du processus. La transparence devra être de mise car l'origine et l'affectation des ressources libérées par l'initiative devront être partagées par tous les acteurs du processus.

5.2.2. Le suivi d'impact

Le suivi d'impact permettra de mesurer les évolutions de la situation de pauvreté par le biais des indicateurs du tableau de bord social. Il s'avère urgent de mesurer l'impact des choix qui ont été retenus en termes de politiques de lutte contre la pauvreté.

5.2.3. Le suivi participatif

Le suivi participatif quant à lui aura pour objet de prendre continuellement le pouls des populations afin de connaître leurs perceptions en ce qui concerne l'évolution de leur situation.

5.2.4. Les pré-requis

Cependant, la bonne conduite de ce suivi tridimensionnel exige au préalable le renforcement des capacités des collectivités publiques, de l'administration, de la société civile, du secteur privé et des populations. Il serait opportun de créer un Observatoire des bonnes conduites et du suivi.

5.3. Du global au local : la décentralisation et la déconcentration

L'implication des trois acteurs que sont l'Etat, la société civile et les populations conduit généralement à la redéfinition des pouvoirs, des compétences et des attributions de chacun. Faut-il aller vers les populations concernées en déconcentrant les services publics ou faut-il décentraliser lesdits services au niveau des collectivités locales et des régions ? Ou encore, ne faut-il pas opter pour une situation intermédiaire ? Telles sont les interrogations auxquelles doivent faire face les parties prenantes au processus.

5.3.1. La déconcentration

La déconcentration consiste à voir le pouvoir central déléguer à un agent subordonné une partie de sa capacité de décision. Il s'agit d'une délégation et non d'une cession. Il n'y a pas transfert d'autorité mais représentation. L'agent subordonné reste rattaché à son administration et lui rend compte. Cependant, il n'a aucun compte à rendre aux populations avec lesquelles il est en contact direct.

Il s'agit en réalité d'une relation d'agence classique entre un principal (le pouvoir central) et un agent (l'agent subordonné) dans laquelle ce dernier exécute une mission en lieu et place du principal et en son nom. Des conflits d'intérêts, appelés conflits d'agence, peuvent surgir lorsque l'agent n'agit pas conformément aux vœux du principal ou si leurs intérêts divergent. Dans cette relation, l'agent veut faire croire au principal qu'il agit dans son intérêt tandis que le principal désire savoir si l'agent agit effectivement dans son intérêt. Ce qui engendre au minimum des coûts de dédouanement (de la part de l'agent) et des coûts de contrôle (du fait du principal) qui sont préjudiciables à la population concernée. Ces coûts induits sur la population sont d'autant plus importants qu'elle n'a aucune prise sur l'agent qui ne lui rend aucun compte !

5.3.2. La décentralisation

La décentralisation, quant à elle, consiste à confier le pouvoir de décision et d'exécution à une autorité autonome locale. Dans ce cas, l'autorité héritière du pouvoir de décision après la transmission devra rendre des comptes aux populations. Elle possède le pouvoir de décider sans en référer au pouvoir central et ce, avec d'autant plus de prégnance et de légitimité qu'elle aurait été élue par lesdites populations. L'intérêt ici serait de voir le pouvoir local prendre des décisions corrélées aux desiderata des populations qu'il représente.

Une des faiblesses mises à nu dans la décentralisation est illustrée par la collecte des impôts car il est généralement difficile de lever des impôts importants dans les régions contrairement aux grandes villes. Les autorités locales se trouvent alors devant un dilemme : elles sont en théorie autonomes mais leurs revenus dépendent du pouvoir central ! Les autorités locales sont très souvent battues en brèche par les élites locales qui à défaut de se réaliser au niveau national se contentent de rafler le pouvoir local parfois avec l'influence et l'aide des gouvernements ou des partis au pouvoir. Il faut donc veiller à ce que la décentralisation ne fasse pas le lit des élites locales qui y verraient un moyen d'ascension vers le pouvoir. Il apparaît dès lors nécessaire de préparer toute décentralisation en veillant au maintien et au renforcement de la démocratie. Ce qui peut se réaliser en renforçant les capacités des acteurs locaux et en aidant l'expression des populations et leur participation à la vie politique et sociale locale.

5.3.3. La déconcentralisation

Autant dans le cadre de la déconcentration, l'objectif visé est d'améliorer la fourniture des services par les administrations, autant dans celui de la décentralisation, l'objectif visé est de rapprocher l'administration et ses centres décisionnels des populations locales.

Partant du principe qu'il est préférable de prendre les décisions au niveau local plutôt que de tout centraliser, plusieurs pays d'Afrique subsaharienne ont déjà opté pour la décentralisation, la déconcentration ou pour une troisième voie hybride qui combine les deux précédentes. Troisième voie que nous nommerons *déconcentralisation*. Par exemple, l'Ouganda a en 1997 institué une délégation de pouvoir (premier volet) à des conseils locaux élus avec habilitation à lever des impôts (second volet). C'est également le cas du Ghana. Pour l'instant, le seul volet manquant est l'obligation de rendre des comptes aux populations locales.

L'idéal serait de voir les trois volets se réaliser simultanément. En l'occurrence, un premier volet traduisant une réelle délégation de pouvoir, un second volet correspondant à l'autonomie financière (possibilité de lever des impôts et de contracter des emprunts) et un troisième volet où les élus répondraient de leurs actes devant les populations locales. Le Fonds d'Equipement des Nations Unies (FENU), qui contribue au renforcement des capacités des acteurs locaux afin d'améliorer la gouvernance locale, considère « qu'un renforcement novateur des capacités peut faire que les responsables locaux élus répondent mieux aux besoins de leurs mandants. Par exemple au moyen de la planification participative, d'une gestion financière et d'audits améliorés, d'une meilleure passation de contrats avec le secteur privé et de la collaboration avec les organisations de la société civile ».

Chapitre 4

LE CAS DU CAMEROUN

1. Introduction

L'analyse précédente avait pour objet les enjeux induits par l'initiative PPTE en Afrique subsaharienne. Il s'agit maintenant de décliner les forces et les faiblesses d'une part et les menaces et les opportunités d'autre part de cette même initiative pour un pays d'Afrique Centrale, moteur de sa zone géographique, en l'occurrence le Cameroun. Tout d'abord, nous présenterons succinctement le contexte économique. Puis, nous analyserons les aspects financiers, sociaux et politiques de l'initiative sachant qu'au milieu de l'année 2005 le Cameroun n'avait toujours pas atteint le « point d'achèvement » qui pour lui s'avère être décidément flottant! Le « point de décision » ayant été quant à lui franchi en octobre 2000 tandis que le Document de Stratégie de Réduction de la Pauvreté final était accepté en juillet 2003 par la Banque Mondiale et le Fonds Monétaire International. Enfin, nous énoncerons dix recommandations permettant, si elles étaient retenues et appliquées, à l'initiative PPTE de se transformer en une rampe de lancement propulsant le Cameroun vers les huit objectifs de développement du Millénaire.

2. La situation générale

2.1. La situation économique

Au niveau économique, l'endettement et surtout le service de la dette sont très élevés. Ils asphyxient l'économie camerounaise en la privant des ressources nécessaires pour assurer son épanouissement. L'endettement extérieur représentait 57,8% du PIB en 2000 et s'élevait à plus de 9,7 milliards de dollars. La part des recettes publiques consacrée au service de la dette était de 23% en 2000 (69,5% en 1999) et devait grâce à l'initiative PPTE passer à 12% en 2001 et à moins de 8% à l'horizon de 2008. Exprimée en pourcentage des recettes d'exportation, elle passerait de 14% en 2000 à 8% en 2002.

Le service de la dette bénéficierait d'un allégement de plus de 100 millions de dollars par an après le « point d'achèvement ». La dette intérieure était évaluée en 2003 à près de 1100 milliards de francs CFA (15% du PIB) et son remboursement pourrait être accéléré également grâce à l'initiative PPTE. L'encours de la dette extérieure s'établissait en septembre 2004 à 4700 milliards de francs CFA. Les deux tiers de cet encours reviennent aux bailleurs bilatéraux dont la moitié à la France tandis que les bailleurs multilatéraux représentent un peu plus du quart de ce même encours. Le service annuel de la dette totale (extérieure et intérieure) était de l'ordre de 447 milliards de francs CFA, soit 27,65% des recettes budgétaires, dont 45,2% au titre de la dette extérieure. L'allègement de la dette camerounaise est estimé à plus de 1,2 milliards de dollars. A cela s'ajoutera l'allègement bilatéral français estimé à environs 1,5 milliards d'euros.

Le Cameroun fait partie intégrante d'une communauté économique active, la CEMAC (Communauté Economique et Monétaire de l'Afrique Centrale). Il est le pays le plus riche de ce groupement qui compte en sus le Gabon, la République Centrafricaine, le Congo, le Tchad et la Guinée Equatoriale.

Le Cameroun a été le témoin d'une croissance économique soutenue après la crise des années 1985-1995 et l'application des politiques d'ajustement structurel sans oublier la dévaluation du franc CFA de janvier 1994. La période 1985-1994 a été celle d'une récession continue qui a vu le pays se paupériser tant au niveau de sa population que de ses infrastructures. Au cours de cette même période, le taux d'investissement a baissé drastiquement concourant ainsi à la contraction de l'économie camerounaise. La reprise économique n'est survenue qu'après la dévaluation de janvier 1994.

En 1997, le Cameroun a signé une FASR avec le FMI qui se traduisait par un programme de grande rigueur financière, une diminution des dépenses publiques, une réduction des salaires et une hausse de la fiscalité. La FASR autorisait l'obtention d'un prêt d'un montant de 220 millions de dollars assorti d'une réduction de la dette bilatérale. Cette facilité s'est achevée en juin 2000. La signature de cet accord généra des espoirs d'autant plus que les programmes d'ajustement de 1988 et de 1991 n'avaient donné aucun résultat tangible. Les objectifs de cet accord signé avec le FMI étaient d'obtenir un taux de croissance économique de l'ordre de 5%, de réduire l'inflation autour de 2% et de stabiliser le déficit de la balance des paiements à 2% du PIB. Ce fut globalement une réussite sur le plan économique mais un échec patent sur le plan social car les retombées de la croissance retrouvée ne furent pas ressenties par les populations.

Le PIB en 1998 s'éleva à 8,7 milliards de dollars tandis que les investissements représentèrent 16% de ce PIB avec une nette préférence pour l'investissement privé. Un an plus tard, ce même PIB passait à 8,8 milliards de dollars alors que les investissements se retrouvaient à 19,5% du PIB. Dans la même période le revenu réel progressait de plus de 1,8%. A titre de comparaison, en 2004, le PIB s'est établi autour de 13,1 milliards de dollars, soit 7120 milliards de francs CFA. Ce qui correspondait à un revenu par habitant d'environ 770 dollars.

La finalisation de la FASR signée en 1997 et la rédaction du DRSP-I permirent au Cameroun d'atteindre le « point de décision » de l'initiative PPTE le 11 octobre 2000. Conséquence immédiate : 37 milliards de francs CFA furent mobilisés sous formes de ressources PPTE pour financer des infrastructures, l'éducation, les affaires sociales, le développement rural, la santé et la *bonne gouvernance* via le budget de l'Etat camerounais. Cependant, les programmes concernés furent jugés irrecevables par les bailleurs de fonds et les montants en jeu durent être reportés à l'exercice budgétaire suivant.

Parallèlement, des réformes douanières (création du Guichet Unique), l'élargissement de l'assiette fiscale, l'introduction de la taxe sur la valeur ajoutée (TVA) et la révision de la fiscalité forestière se traduisirent par une augmentation substantiellement des recettes non pétrolières. Ces résultats, au demeurant encourageant, pourraient être améliorés par le lancement, prévu en 2004, et la mise en place du projet Transparence, Efficacité et Rigueur au niveau des Finances Publiques Camerounaise (TER-FPC). Ce projet d'appui auprès du ministère des finances et du budget (MINIFIB) est réalisé en collaboration avec la coopération française. Ce qui permettrait:

- d'améliorer la phase préparatoire du Budget de l'Etat,
- d'améliorer le processus de suivi budgétaire et le monitoring du Budget de l'Etat,
- de renforcer les systèmes de contrôle interne et de les installer le cas échéant,
- de pérenniser les réformes structurelles de la Direction des Impôts,
- d'informatiser les transactions à la Direction des Douanes.

Une des conséquences positives de cette facilité d'ajustement structurel renforcé fut de voir la croissance s'établir régulièrement ces dernières années autour de 4,5%. Les prévisions pour 2005 tablent sur un taux de l'ordre de 5,1%.

De plus, l'inflation a été maîtrisée. L'année 2004 a été le témoin d'un taux d'inflation de l'ordre de 2,8%. Ce qui signifie que l'érosion monétaire ne réduit pas les avoirs étrangers investis au Cameroun. C'est une excellente nouvelle pour les investisseurs étrangers.

L'augmentation de l'activité, les rentrées de devises avec le pipe-line « Tchad-Cameroun » et le développement du port autonome de Douala sont de bons augures. Le gisement de Doba au Tchad, qui nécessita le creusement de 300 puits, produit quotidiennement 225 000 barils. Cette production est prévue pour une période de 25 ans. L'évacuation du pétrole se fait via le Cameroun par le truchement d'un oléoduc long de 1076 km dont plus de 800 au Cameroun. L'oléoduc relie la ville de Doba au terminal du port de Kribi. Le coût du projet a été de 3,7 milliards de dollars et les principaux opérateurs sont Esso (40%), Chevron (25%) et Petronas (35%). Petronas et Chevron ont remplacé Shell et Elf après leur retrait du projet en novembre 1999. Le pipe-line Doba-Kribi permet au Cameroun de recevoir chaque année 12 milliards de francs CFA de royalties sans compter les retombées indirectes du projet.

D'autre part, la décision prise en 1999 d'ouvrir une bourse de valeurs mobilières à Douala afin de disposer d'un lieu de transparence et de confiance pour les investissements en portefeuille et les privatisations doit permettre, en principe, de drainer les capitaux de la sous-région. D'autre part, l'étude de faisabilité demandée par la Banque des Etats de l'Afrique Centrale (BEAC) avait conclu à la viabilité d'une bourse régionale de valeurs mobilières appelée temporairement Bourse des Valeurs Mobilières de l'Afrique Centrale (BVMAC) avec la possibilité d'assurer la cotation de 77 entreprises dont 41 camerounaises, 20 gabonaises, 10 tchadiennes, 3 congolaises, 2 centrafricaines et une équato-guinéenne. Et ne seraient concernées que les actions ordinaires et les obligations à taux fixes. Son siège a été fixé à Libreville au Gabon tandis que le Cameroun de manière unilatérale décidait d'ouvrir une bourse nationale à Douala (Douala Stock Exchange). Nonobstant cela, le problème posé par la désignation de Libreville pour l'installation d'une bourse régionale et le retard pris par la bourse nationale de Douala pour être opérationnelle ne plaide pas en faveur d'un optimisme béat. L'impression diffuse est que « le politique » se mêle à « l'économique ».

Malheureusement, les dérapages budgétaires constatés en 2004 ont remis en cause la finalisation de la Facilité pour la Réduction de la Pauvreté et de la Croissance (FRPC) signée avec le FMI en octobre 2000. Finalisation qui était prévue pour le mois de juin 2004. C'est ainsi que le Cameroun fut déclaré « off track » par le FMI en août 2004. Cependant, le Système d'Informatisation Intégré pour la Gestion des Finances Publiques (SIGEFI) a été mis en service et permettra d'assurer transparence et fiabilité à la chaîne des recettes et des dépenses publiques.

Au début de l'année 2005, on assista à une poussée de la pression fiscale avec l'augmentation du prix des timbres fiscaux, des vignettes automobiles et de divers droits. Certes, la préoccupation du Gouvernement « des grandes ambitions » est de collecter le maximum de recettes fiscales mais il devrait prendre garde à la courbe de Laffer. La courbe de Laffer nous indique que « trop d'impôt tue l'impôt ». Ce qui signifie que chaque pays possède un seuil de tolérance à la pression fiscale. Au-delà de ce seuil, l'augmentation de la pression fiscale conduit à la baisse des recettes fiscales. D'autre part, cette pression fiscale peut décourager la consommation interne encore assez frileuse et l'investissement productif. Ce qui freinera la croissance et produira ainsi les effets opposés à ceux recherchés.

2.2. Les privatisations

Le ralentissement du programme de privatisations n'est pas un bon signe et ce en particulier du fait que ce programme concerne entres autres d'importantes structures telles que la Société Nationale des Eaux au Cameroun (SNEC), la Cameroon Development Corporation (CDC) et la Cameroon Airlines (CAMAIR). Il est vrai que les privatisations ne sont pas la panacée et qu'il serait intéressant de mesurer le bien fondé de certaines d'entre-elles. Néanmoins, la situation du programme de privatisations au Cameroun est la suivante à ce jour.

La Société des hévéas du Cameroun (HEVECAM) a été cédée à des investisseurs malais en décembre 1996.

Trois mois plus tard, la société Cameroon Shipping Lines (CAMSHIP) passa au secteur privé.

L'année 1997 fut le témoin de la liquidation de la BIAO et du Crédit Agricole.

Le 15 janvier 1999, le groupe PALCAM/COGEPART devint l'adjudicataire provisoire de la Société Camerounaise des Palmeraies (SOCAPALM) avec la participation du groupe BOLLORE. La cession finale fut signée le 30 juin 2000.

L'ancienne régie des chemins de fer (REGIFERCAM) a été cédée à la société SAGA du Groupe BOLLORE en mars 1999 et a changé par la suite d'appellation pour devenir CAMRAIL.

La Cameroon Sugar Company (CAMSUCO) a été achetée en 1999 par le groupe VILGRAIN qui possédait déjà la seconde compagnie sucrière du pays, en l'occurrence la SOSUCAM. Le groupe ainsi constitué, après quelques années de bénéfices, se trouve confronté à de graves difficultés au début de l'année 2005 notamment à cause de la contrebande du sucre. Son chiffre d'affaires s'est contracté de plus de 50% au premier trimestre 2005.

Le CEPER et la Banque Internationale pour le Commerce et l'Industrie au Cameroun (BICIC) ont été rachetés en 1999 par le groupe français des Banques Populaires. La BICIC a changé de sigle pour adopter celui de BICEC (Banque Internationale pour le Commerce et l'Epargne au Cameroun).

Du côté des compagnies d'assurance, la Société Camerounaise d'Assurance et de Réassurance (SOCAR) a comme adjudicataire provisoire la société Chanas & Privat Assurances installée au Cameroun tandis que la Caisse Nationale de Réassurance (CNR) a vu son appel d'offres être sans suite.

Le groupe sud-africain TELECEL a été déclaré en décembre 1999 adjudicataire provisoire de la société de télécommunication nationale CAMTEL en ce qui concerne la téléphonie fixe. Et ce, sans succès. Un administrateur provisoire a été nommé au début de l'année 2005 avec pour mission de privatiser la CAMTEL d'ici la fin de l'année 2005. Deux licences de mobiles avaient été au préalable attribuées à la société française FRANCE TELECOM (ORANGE) et à l'entreprise sud-africaine Mobile Telephon Network (MTN) et une troisième licence devrait être attribuée dans les années à venir.

La Cameroon Development Corporation (CDC) est également en cours de privatisation. Il s'agit du premier employeur de la zone anglophone et du second employeur du pays après la Fonction Publique. Sa privatisation avait été prévue dans le programme d'ajustement conclu avec le Fonds Monétaire International (FMI) et se déroule par appartements et non en un seul bloc. La filière « thé » a été privatisée en octobre 2002. Elle a été cédée à la société sud-africaine BROBON FINEX. Les filières « banane »,

« hévéa » et « huile de palme » sont en cours de restructuration afin de passer au secteur privé.

Le projet de privatisation de la Société de Développement du Coton au Cameroun (SODECOTON) détenue à hauteur de 70% par l'Etat camerounais et à 30% par la Compagnie Française de Développement des Fibres Textiles est à l'arrêt et accuse un retard de plus de cinq ans.

En janvier 2001, Suez Lyonnaise des Eaux s'est vue attribuer l'adjudication à titre provisoire de la Société Nationale des Eaux du Cameroun (SNEC). Cette attribution faisait partie du programme d'ajustement structurel conclu avec le FMI et a été classée sans suite. Plus tard, l'appel d'offres remporté par la société ONDEO SERVICES fut finalement déclaré infructueux en septembre 2003.

La compagnie américaine AES SIROCCO LTD a été désignée comme adjudicataire provisoire de la SONEL au début de l'année 2001. La cession définitive a été ensuite entérinée pour donner naissance à AES-SONEL.

De même, l'activité portuaire de Douala a été restructurée en 2002 avec la création du Port Autonome de Douala (PAD). Cette activité devra être transférée au secteur privé. Un adjudicateur provisoire a été désigné pour l'usine à glace. La société française LES ABEILLES a obtenu en novembre 2003 la concession, pour une durée de 10 ans, des activités de remorquage et lamanage.

La privatisation de la CAMAIR, dénommée affectueusement la 11ème province, était prévue dans le programme de la facilité d'ajustement structurel renforcé (FASR). Cependant l'endettement réel de la compagnie n'est toujours pas évalué avec certitude à ce jour car pendant plusieurs années, la compagnie nationale n'aurait pas tenu de comptes ! La dette est estimée à 50 milliards de francs CFA.

La gestion de ce dossier doit prendre en compte le projet de création d'une compagnie supra-nationale dans la sous-région qui se dénommera AIR CEMAC. Ce projet a déjà été entériné par le

Gabon, la Guinée Equatoriale, le Congo et la République Centrafricaine. Le Cameroun et le Tchad réservent leur réponse. Au début de l'année 2005, un nouvel Administrateur Directeur Général a été nommé à la tête de la CAMAIR avec pour mission de procéder à une scission-liquidation. Une dotation de 20 milliards de francs CFA figure au budget 2005 pour agir dans ce sens.

2.3. La situation socio-politique

Autre point important, le Cameroun possède une stabilité politique continue depuis près d'une trentaine d'années avec cependant une instabilité gouvernementale qui n'augure pas de conditions idéales pour une *bonne gouvernance*. Les changements de gouvernement se font en moyenne tous les deux ans.

A cela s'ajoute l'image d'un pays doté d'une corruption endémique comme l'indique l'indice IPC de Transparency International en classant le Cameroun en tête des pays corrompus en 1998 et en 1999. Néanmoins, le Cameroun améliore son classement en 2002 pour le détériorer légèrement en 2003.

Du point de vue politique, le régime actuel a été conforté, suite aux élections contestées de 1997, par son ouverture aux partis de l'opposition mais il continue néanmoins à marginaliser le principal parti d'opposition du pays, le Social Democratic Front (SDF). D'autre part, l'instabilité gouvernementale est un signal négatif émis en direction des investisseurs étrangers car ceux-ci craignent de voir les contrats remis en cause ou purement annulés par les nouvelles équipes qui arrivent quasiment tous les deux ans. En effet, en vingt-deux ans de gestion du pouvoir, le régime du Président Paul BIYA en est à son vingt-huitième gouvernement.

Monsieur Paul BIYA a été réélu pour la quatrième fois le 11 octobre 2004. La moitié du corps électoral avait pris part aux élections. Il a désigné un nouveau gouvernement le 8 décembre 2004 avec pour objectif de mener à termes un programme intitulé « Les grandes ambitions ».

Socialement, l'insécurité continue de régner dans le pays et les tensions ethniques issues des affrontements des années quatre-vingt-dix subsistent en partie. Il y a de cela trois ans, la ville de Douala fut le théâtre d'une lutte sans merci entre les forces de l'ordre sous l'égide du Commandement Opérationnel et les bandits avec parfois des débordements et des bavures à l'image des neuf disparus de Bépenda. Cependant, la lutte contre le grand banditisme commence à donner des résultats. Au début de l'année 2005, la Délégation Générale à la Sûreté Nationale a lancé une nouvelle force d'intervention rapide, les équipes spéciales d'interventions (ESIR). L'objectif visé est d'intervenir dans les deux grandes métropoles, Douala et Yaoundé, dans les plus brefs délais en cas de sollicitation téléphonique aux numéros 17 et 117 ou en cas de besoin.

Les relations que le Cameroun entretient avec ses voisins sont au beau fixe à l'exception du conflit l'opposant au Nigeria dont l'enjeu est la presqu'île de Bakassi regorgeant de pétrole et de poissons nonobstant la décision de la Cour Internationale de Justice prise en faveur du Cameroun le 10 octobre 2002.

2.4. La lutte contre la pauvreté

La lutte contre la pauvreté et l'allégement de la dette des pays pauvres sont deux objectifs visés par le Cameroun.

Le premier est loin d'être atteint car le Cameroun se situe actuellement au 141ème rang (sur 177) dans le classement donné par l'indice de développement humain en 2004. Les pays africains classés avant le Cameroun sont la Tunisie (92), l'Algérie (108), la Guinée Equatoriale (109), l'Afrique du Sud (119), l'Egypte (120), le Gabon (122), le Maroc (125), la Namibie (126), le Botswana (128), le Ghana (131) et le Soudan (139).

Le second objectif a déjà été partiellement atteint car le Cameroun participe à l'initiative renforcée (le Cameroun n'était pas éligible à l'initiative initiale) en faveur des pays pauvres très endettés (PPTE) avec pour objectif de permettre aux pays concernés de bénéficier rapidement d'un allégement important de leur dette extérieure afin de favoriser le recul de la pauvreté. En 1996, 50% des camerounais vivaient avec moins d'un dollar par jour. En 2000, environ 40% de la population vivait en dessous du seuil de pauvreté. L'objectif visé est de faire tomber ce pourcentage à 25% à l'horizon de 2015. Il est également question de réduire les inégalités car l'écart de revenus entre les 20% les plus riches et les 20% les plus pauvres est de 1 pour 8.

Le Cameroun a rédigé son document de stratégie de réduction de la pauvreté (DSRP) en avril 2003. Ce document indique les causes de la pauvreté et décrit le plan d'action à mener pour la combattre et assurer la croissance économique du pays. Le DSRP-I quant à lui, avait été élaboré avec la participation de la société civile camerounaise dont l'avis a été recensé lors des consultations participatives d'avril 2000. Ces réunions menées sur l'ensemble du territoire ont été l'occasion d'une rencontre entre les divers acteurs de la vie économique et politique camerounaise. Une enquête sur les conditions de vie des ménages (ECAM) datant de 1996 a permis de compléter ce premier tableau de la pauvreté au Cameroun et diverses solutions ont dores et déjà été proposées. Les consultations menées en janvier 2002 ainsi qu'une seconde enquête sur les conditions de vie des ménages (ECAM II) ont permis la rédaction d'un DSRP final.

Après des années d'orthodoxie budgétaire sous la férule du FMI, il est question d'adopter une politique de dépenses budgétaires simultanément efficace, transparente et re-distributrice. Les ressources PPTE devront être gérées efficacement en limitant les déperditions et en les orientant vers les secteurs sensibles définis au sein du DRSP.

Les projets financés par les ressources PPTE sont choisis par le Comité Consultatif et de Suivi qui est composé des représentants de l'Etat, des bailleurs de fonds et des représentants de la société civile. Une grande première !

Ce qui précède exige que le Cameroun s'approprie le concept de *bonne gouvernance*. Mais le budget 2004 ne traduisait pas d'orientations en direction de la lutte contre la pauvreté puisque le budget de l'éducation augmentait seulement de 4%, celui de la santé baissait de 2% et celui de l'agriculture stagnait alors que les dépenses afférentes à la défense (+,6,6%), au ministère de l'économie et des finances (+5,2%), à l'administration territoriale (+35,3%) et à la Présidence (+5,6%) augmentaient sensiblement. La palme revenant au ministère de l'administration territoriale avec une hausse de l'ordre de 35% (les élections d'octobre 2004 expliquent sans doute cette augmentation). Il faut corriger cette situation et mettre le budget en conformité avec les orientations du DRSP afin de converger vers le « point d'achèvement ».

2.5. Les efforts du Cameroun sous l'égide du PNG

Désireux de poursuivre le programme de redressement économique entamé à la fin de la décennie précédente, le gouvernement camerounais a entrepris depuis 1996, avec le soutien des bailleurs de fonds, un Programme National de Gouvernance (PNG). Les objectifs du PNG sont les suivants :

- soutenir la croissance et le développement durable,
- réduire la pauvreté,
- renforcer les capacités des acteurs économiques,
- promouvoir le partenariat entre le secteur public, le secteur privé et la société civile,
- renforcer l'état de droit et réformer la justice,
- promouvoir une véritable culture de la responsabilité dans la gestion des affaires publiques,
- renforcer la transparence de l'appareil d'Etat et lutter résolument contre la corruption.

Les résultats du PNG au 31 décembre 2004 sont décrits dans un rapport intitulé « Cameroun : les chantiers de la *gouvernance* ». Le PNG a été aidé dans la réalisation partielle de ses objectifs par des partenaires multilatéraux à l'image du PNUD, de la banque Mondiale, du FMI, de l'Union Européenne, de l'Agence Allemande de Coopération Technique (Gesellshaft Technische Zusammenarbeit, GTZ), de la BAD ainsi que par des partenaires bilatéraux tels que les Etats-Unis, la Grande Bretagne, la France, le Canada, la Norvège et Israël.

Les principaux résultats sont les suivants selon les axes retenus par le PNG.

La réforme administrative : rapprocher l'administration des usagers. La réforme de la fonction publique a été réalisée afin de mieux maîtriser les effectifs ainsi que la masse salariale d'une part et d'autre part afin de rendre l'administration plus efficace mais également plus efficiente. Toutefois, la décentralisation de la gestion du personnel de l'Etat et l'amélioration de la relation entre l'administration et les usagers sont encore en chantier et peinent à aboutir.

La réforme judiciaire : consolider l'état de droit. Deux lois, trois décrets et une décision ont été prises afin de voir appliquer de manière effective le droit OHADA. L'appareil judiciaire a été mis en conformité avec la Constitution de 1996 avec l'organisation et le fonctionnement du Conseil Constitutionnel et de la Chambre des Comptes au sein de la Cour Suprême en 2003. L'objectif de rapprocher les usagers de la justice a été renforcé avec la création de 14 juridictions et de 4 Palais de Justice. De plus, l'évaluation des magistrats intègre maintenant une dimension portant sur la probité morale.

Gestion économique et financière saine et obligation de rendre compte. Trois dimensions sont concernées : macro-économique et financière, structurel et institutionnel, renforcement du partenariat Etat-Secteur privé-Société civile. En ce qui concerne la première dimension, la croissance a été retrouvée (autour de 5%), le Cameroun a été retenu pour participer à l'initiative PPTE, le DRSP a été adopté par les institutions de Bretton Woods, la Bourse des valeurs mobilières du Cameroun (Douala Stock Exchange) a été lancée, le projet de micro-finance a effectivement démarré. Quant à la seconde dimension, l'économie a été libéralisée suite à l'abolition des barrières non tarifaires, la suppression de l'homologation des prix et des marges, la suppression des régimes fiscaux privilégiés, l'édition de la nouvelle Chartre des

Investissements et la création de la Chambre des Comptes. Pour ce qui est de la dernière dimension, on note la création du Comité Interministériel Elargi au Secteur privé, du Comité de Compétitivité, du Comité de Facilitation du Commerce Extérieur et du Conseil du Partenariat Industriel.

La lutte contre la corruption. Le Gouvernement a mis en place un Comité *ad hoc* et un Observatoire de Lutte contre la Corruption visant à mesurer l'ampleur du fléau et trouver les moyens de l'éradiquer. Pour renforcer cette action, des cellules ministérielles de Lutte contre la Corruption ont été créées. Les actions ont porté essentiellement sur la sensibilisation, l'information, l'éducation, la mise en œuvre des réformes et l'application des sanctions. Et ce, en s'appuyant sur le Système Intégré de Gestion Informatique du Personnel de l'Etat et de la Solde (SIGIPES), l'élaboration des manuels de procédures et des guides des usagers du service public, la mise en place du Guichet Unique à la douane, l'instauration de postes de travail dans la Fonction Publique et le statut des magistrats. Pour ce qui relève des sanctions, l'application effective des lois du Code Pénal portant sur la prise d'intérêt, la concussion et la participation dans une affaire sont à même de réduire l'ampleur de la corruption sans oublier les mesures d'ordre administratif précisées dans le Statut Général de la Fonction Publique (avertissement, blâme, mise à pied, retard à l'avancement, abaissement d'échelon, licenciement, révocation avec ou sans droit à pension).

La décentralisation : impliquer les populations à la gestion des affaires locales. La loi d'orientation de la décentralisation, la loi fixant les règles applicables aux régions et la loi fixant les règles applicables aux communes ont été promulguées.

2.6. L'attractivité du Cameroun pour les IDE

Les facteurs générateurs du risque-pays néfastes à l'attractivité du Cameroun du point de vue des investisseurs étrangers ont dores et déjà été identifiés. Il s'agit de :

- l'instabilité gouvernementale,
- l'iniquité du système judiciaire,
- la corruption endémique,
- la faiblesse des infrastructures,
- l'insécurité relative.

Leur évaluation a été conduite à l'image de l'indice de perception de la corruption qui classe le Cameroun en septième position en 2000 après l'avoir classé premier les deux années précédentes.

Se pose alors avec acuité la question de savoir si le risque-pays en l'état est acceptable. Nous répondons par la négative.

Il s'agit alors de procéder à son traitement en retenant et en mettant en œuvre des politiques de réduction du risque éprouvées, à savoir :

- le développement des infrastructures,
- la lutte contre la corruption,
- la poursuite de la politique de privatisation,
- la lutte contre la pauvreté avec comme objectif avoué de faire passer le taux de pauvreté de 40% à 25% en 10 ans,
- la réforme du secteur judiciaire,
- la lutte contre le grand banditisme,
- la création d'une place boursière.

Le Cameroun sera aidé par l'accentuation du Programme National de Gouvernance, l'éligibilité à l'initiative PPTE (réduction de la dette et de son service, aides diverses, DSRP), le retour de la croissance et la poursuite de la libéralisation de l'économie.

Il s'agit de toute évidence de la mise en place et du suivi d'un processus itératif et récursif visant à une meilleure attractivité du Cameroun pour les capitaux étrangers. L'amélioration de l'attractivité susmentionnée s'avère d'autant plus nécessaire que l'épargne locale est faible et les flux d'aide au développement en constante contraction. Le financement de la croissance passera donc par l'augmentation des flux d'investissement direct étranger (IDE).

L'amélioration continue inscrite dans l'objectif de réduction du risque-pays permettra de donner une réponse positive à l'acceptabilité du Cameroun en terme de risque dans un futur assez proche. Et ce n'est que dans ce cas que la promotion et la communication autour des résultats obtenus pourront se faire sans risque d'être contredit par les opérations de « screening » des potentiels investisseurs.

3. Les enjeux de l'initiative PPTE au Cameroun

Le 30 août 2004 le Cameroun a été déclaré « off-track » par le FMI. Il est « sorti de la route », c'est-à-dire que le FMI a constaté son incapacité à faire aboutir son programme économique au « point d'achèvement » attendu depuis septembre 2003. Cet échec est dû à plusieurs dérapages budgétaires. La mission du FMI avait constaté entre autres un « trou » de 66 milliards de francs CFA au niveau du ministère des finances. Toutefois, le Cameroun a été remis sur les rails mais se doit en 2005 d'éviter les errements du passé et de réussir l'application du DSRP en mettant en œuvre les actions définies dans ses stratégies sectorielles de lutte contre la pauvreté.

Au-delà de ce risque de dérapage, toujours présent, les enjeux de l'atteinte du « point d'achèvement » sont nombreux. A savoir, financiers, sociaux, institutionnels et politiques.

3.1. Les enjeux financiers

En ce qui concerne le Cameroun, l'initiative PPTE doit soulager le pays de 2 milliards de dollars d'endettement extérieur. Ce qui correspond en valeur actuelle à une réduction de l'encours de la dette de 1,3 milliards de dollars, soit 27% de l'encours total de la dette camerounaise. Le ratio dette sur exportations passera de 200% en 2000 à 120% à la fin de l'année et devra se stabiliser autour de 100% en 2007 selon la Banque Mondiale. Cet allègement proviendra à hauteur de 874 millions de dollars de crédits bilatéraux et à hauteur de 324 millions de dollars de la part d'institutions multilatérales (le Fonds Monétaire International contribuant pour 37 millions de dollars tandis que la Banque Mondiale contribuera pour 179 millions de dollars) et le reste sera le fait des banques à hauteur de 62 millions de dollars. L'effort d'annulation s'élève en totalité à 741 milliards de francs CFA. Il sera financé à hauteur de 69% par les créanciers bilatéraux tandis que les créanciers multilatéraux en financeront 26%. Le Club de Paris de son côté consentira à un allègement de l'ordre de 850 millions de dollars.

La valeur actuelle nette de la dette s'en trouvera réduite de moitié. Dès l'atteinte du « point d'achèvement », le service de la dette passera à environ vingt pour cent des recettes budgétaires et décroîtra progressivement.

Le service de la dette baissera de près de 100 millions de dollars, soit 65 milliards de francs CFA, chaque année, sur les trois années à venir. Libérée, cette somme pourra servir à financer la lutte contre le Sida, les dépenses de santé, d'éducation et d'infrastructures.

3.2. Les enjeux stratégiques de la période intérimaire

Durant la période intérimaire, il était prévu d'étaler sur trois ans l'effort d'allègement dans le cadre de l'initiative PPTE multilatérale : 37 milliards de francs CFA en 2000-2001, 87 milliards de francs CFA en 2001-2002 et 90 milliards de francs CFA en 2002-2003. Les difficultés rencontrées lors de la mise en place du processus PPTE ont conduit à reporter les ressources d'un exercice à l'autre : 95 milliards de francs CFA en 2001-2002 et 119 milliards de francs CFA en 2002-2003. Le budget 2004 (l'exercice budgétaire est à présent calé sur l'année civile) intégrait des ressources PPTE à hauteur de 90 milliards de francs CFA répartis en 70 milliards pour les investissements et le reste dévolu au fonctionnement.

Dans le cadre de l'initiative multilatérale, les grandes orientations pour l'affectation des ressources PPTE pendant la période intérimaire ont été déterminées à partir du Document de Stratégie de Réduction de la Pauvreté Intérimaire (DSRP-I). D'après le DSRP-I, les secteurs retenus comme prioritaires sont les suivants :

- les infrastructures (hydraulique rurale, réhabilitation de pistes, assainissement urbain) pour 38% des ressources PPTE,
- la santé (extension des programmes de lutte contre les grandes endémies, soutien aux services de santé essentiels) avec 19% des ressources PPTE,
- l'éducation primaire (construction de salles de classe, embauche d'instituteurs vacataires) avec 23% des ressources PPTE,
- le développement rural (actions phytosanitaires, relance des activités de riziculture) pour 8% des ressources PPTE,
- la *gouvernance* (mise en place d'un système de gestion informatisée des personnels de l'Etat) pour 7% des ressources PPTE.

Afin d'optimiser la gestion des ressources PPTE, un compte spécial du Trésor camerounais a été ouvert auprès de la Banque des Etats d'Afrique Centrale (BEAC). Ce compte intitulé BEAC-PPTE est alimenté par les financements provenant des bailleurs de fonds. Deux procédures sont possibles selon le créancier. Dans un cas, le Trésor camerounais verse la totalité du service de la dette y compris la partie correspondant à l'annulation PPTE. Le Compte Spécial conserve uniquement la partie résultant de l'annulation. Dans l'autre cas, le Trésor camerounais verse uniquement la partie concernée par l'allègement PPTE. La Banque Mondiale utilise la première modalité tandis que le FMI et la BAD ont opté pour la seconde. Au 31 décembre 2004, le Compte Spécial était crédité de 214 milliards de francs CFA. A la fin de l'année 2004, environ 10% des sommes précitées avaient été utilisées !

La procédure à suivre pour les projets est la suivante. Les ministères proposent des projets à un Comité Consultatif et de Suivi (CCS). Lequel les approuve, demande des précisions ou des amendements ou les rejette. Une fois les projets approuvés, ils peuvent être mis en œuvre selon les procédures habituelles de la dépense publique. Les paiements sont imputés sur le Compte Général du Trésor. Après validation de ces dépenses, leur remboursement sur le compte général du Trésor est effectué par débit sur le compte spécial BEAC-PPTE. Par voie de conséquence, les dépenses PPTE suivent la même procédure comptable que les autres dépenses du budget de l'Etat.

Toutefois, si les dépenses PPTE sont fongibles dans le budget de l'Etat, elles font l'objet d'un suivi et d'un mécanisme de traçabilité particuliers avec notamment une présentation synthétique annexée au budget général et la mise en place d'une application informatique dénommée Système Automatisé de Gestion des Engagements PPTE (SAGE-PPTE) financée par la coopération française. Ce système assure le suivi administratif, budgétaire, comptable et physique des recettes et dépenses PPTE.

Enfin, le Comité Consultatif et de Suivi doté d'une Cellule Opérationnelle et d'un Secrétariat Permanent a notamment la charge d'examiner trimestriellement *a posteriori* et sur pièces les dépenses engagées, liquidées et payées ainsi que d'élaborer des rapports trimestriels et annuels du comité. Charge qu'il cumule avec celle de superviseur du suivi du rythme d'exécution des dépenses.

La mise en œuvre du processus d'exécution des projets retenus lors des réunions du CCS connaît des retards expliqués par certaines faiblesses de la procédure de validation des projets ainsi que par des difficultés d'ordre institutionnel. Les relations entre le Secrétariat Permanent, responsable devant le CCS, et le CTS, rattaché au Ministère de l'Economie, des Finances et du Budget (MINEFIB), doivent être précisées afin de rendre le dispositif opérationnel. Nous reviendrons sur cette procédure en développant notre proposition de schéma de gestion des projets PPTE/C2D.

3.3. Les enjeux socio-politiques : l'implication de la société civile

Un des enjeux et en même temps une des nouveautés apportées par la mise en place de l'initiative PPTE réside dans le partenariat naissant entre d'une part la société civile camerounaise à l'état embryonnaire et d'autre part le gouvernement camerounais habitué à décider tout seul. Il est question de les faire travailler ensemble pendant les différentes phases du processus PPTE nonobstant leurs divergences et leur méfiance réciproque. Et ce d'autant plus que la société civile est considérée à tort comme une émanation de l'opposition politique ou d'intérêts particuliers (le nombre d'associations unipersonnelles est à cet égard édifiant). Néanmoins, quelques résultats positifs ont été obtenus lors de l'élaboration du DSRP avec les nombreuses consultations participatives qui ont été menées mais aussi avec la constitution du Comité Consultatif du Suivi et de la gestion des fonds issus de l'initiative PPTE. Ce Comité constitué de 19 personnes en compte 7 issues de la société civile et 7 représentants du Gouvernement.

L'accentuation de ce partenariat qui est à l'ordre du jour permettra une appropriation plus forte de l'initiative PPTE par les populations qui sont de loin les plus concernées par la lutte contre la pauvreté. Populations qui ne ressentent pas encore les bienfaits de la croissance économique et encore moins ceux des dépenses PPTE. Ce qui augmente d'autant leur frustration car la pauvreté est avant tout une question de perception.

L'application effective de la Constitution du 18 janvier 1996 instituant la décentralisation et favorisant la délégation va dans le même sens.

Toutefois, ceci nécessite en sus la structuration de la société civile camerounaise en procédant au renforcement de ses capacités. La structuration de la société civile et l'application de la Constitution de 1996 seront facilitées par les programmes en cours portant sur le renforcement des capacités des différents acteurs à l'image :

- du Programme d'Appui aux Capacités Décentralisées de Développement Urbain (PACDDU) financé par l'Union Européenne et qui a pour objectif d'améliorer durablement les conditions de vie et d'activités des populations urbaines. Son action se fait par des investissements urbains et par le renforcement des capacités décentralisées dans les communes,

- du Programme d'Appui au Développement Communautaire (PADC) financé par le Fonds International de Développement Agricole qui a pour double finalité la promotion du développement local et le renforcement des capacités des acteurs communautaires,

- du Fonds Genre et Développement (FGD) de la coopération canadienne qui vise à financer des projets initiés par les organisations de la société civile en mettant l'accent sur la promotion de la participation des femmes camerounaises au développement durable du pays,

- des projets FOURMI I et FOURMI II (Fonds aux Organisations Urbaines et Micro-Initiatives) financés par la Commission des Communautés Européennes et portant sur la coopération décentralisée dans les villes de Douala, Yaoundé, Bamenda, Bafoussam et Bafang. Il est question de promouvoir et de renforcer les organisations de la société civile (OSC),

- du Programme National de Développement Participatif (PNDP) financé par l'Etat Camerounais, la Banque Mondiale et l'Agence Française de Développement. Ce programme a pour objectif de financer les besoins en équipements collectifs dans les communes rurales. Il prépare également l'institution communale à s'intégrer dans le processus de décentralisation et de lutte contre la pauvreté en milieu rural. Son action vise en sus les services déconcentrés de l'Etat,

- du volet « Consultations de ville » du Programme National de Gouvernance (PNG) financé par le PNUD. Il s'agit d'un processus consultatif et local avec toutes les parties prenantes afin d'identifier les actions prioritaires ainsi que le cadre institutionnel pour les mettre en œuvre.

Parallèlement, le Fonds Spécial d'Equipement et d'Intervention Intercommunal (FEICOM), qui est un établissement public, apporte une assistance financière aux collectivités locales dans l'optique de favoriser le développement et l'amélioration du cadre de vie des populations. Il participe ainsi à la structuration des acteurs décentralisés.

Il est question d'encourager et former les différents acteurs d'une démocratie participative alliée à un développement participatif qui prônent le partage du pouvoir décisionnel entre les structures de l'Etat et la population. L'objectif, comme l'indique le rapport de Programme National de Gouvernance de 2004, est « de responsabiliser les communautés de base et les structures décentralisées de l'Etat, afin d'en faire des acteurs de leur propre développement, dans un processus progressif de décentralisation ». Ce qui a pour conséquence de développer les relations de partenariat encore émergentes entre l'Etat, la société civile, le secteur privé, les populations et les partenaires du développement.

Les modalités de participation de la société civile à l'initiative PPTE doivent donc être finalisées. La réflexion sur les mécanismes de remontée des projets issus de la société civile vers le Comité Consultatif de Suivi a déjà été amorcée. Plusieurs pistes sont envisagées telles que la création de structures au niveau provincial chargées d'effectuer une première analyse des projets proposés ou la création de guichets dans les ministères concernés, auprès desquels les organisations non gouvernementales et les associations pourront déposer des dossiers de projets. Le schéma à retenir pourrait largement s'inspirer de notre proposition de schéma de gestion des projets PPTE/C2D.

3.4. L'initiative bilatérale française : le C2D

L'initiative PPTE bilatérale additionnelle française au Cameroun débutera à compter du « point d'achèvement ». Elle vient s'ajouter aux financements déjà effectués par la France dans le cadre multilatéral. Les financements concernés par la remise de la dette bilatérale française sont les créances d'APD françaises pré et post date butoir, qui seront, dans le cadre bilatéral, annulées intégralement.

La remise de dette s'effectuera dans le cadre d'un contrat entre les autorités françaises et les autorités camerounaises dénommé Contrat de Désendettement et de Développement (C2D). Celui-ci précise les modalités de refinancement, sous forme de dons ainsi que les programmes de lutte contre la pauvreté financés par la remise de la dette bilatérale.

Les principes généraux des C2D sont les suivants :

- la cohérence du dispositif avec les priorités nationales (DSRP) et celles de l'aide bilatérale française dont les orientations sont précisées dans le Document Stratégie Pays (DSP) du Cameroun,
- l'instruction des programmes et des opérations répartis entre l'Agence Française de Développement (AFD) et le Service de Coopération et d'Action Culturelle (SCAC) basé à l'Ambassade de France à Yaoundé selon leurs domaines de compétences,
- la participation de la société civile au processus C2D.

Tout comme l'initiative PPTE, le C2D est un nouveau mode de financement qui devra être perfectionné au fil des années. Le mécanisme envisagé de refinancement par dons suppose le versement intégral des échéances par le Cameroun à la France qui rétrocède ensuite la partie annulée. Le C2D financera durant quinze ans en priorité les secteurs suivants :

- l'éducation de base et la formation professionnelle,
- les soins de santé primaires et la lutte contre les grandes endémies,
- les équipements et les infrastructures des collectivités locales,
- l'aménagement du territoire et la gestion des ressources naturelles.

La majorité des financements s'effectueront lors des trois premiers C2D, soit pendant les neuf premières années. Les financements adossés au premier C2D seront de l'ordre de 100 millions d'euros par an, soit 65 milliards de francs CFA. Au total, il s'agit d'utiliser 700 milliards de francs CFA dans des programmes de lutte contre la pauvreté.

3.5. Proposition d'un schéma de gestion des projets PPTE/C2D au Cameroun

Les problèmes soulevés par le lancement de l'initiative PPTE au Cameroun sont également d'ordre pratique. Comment assurer la bonne fin des projets financés par les ressources libérées par l'initiative ? Comment limiter les déperditions dans un environnement où le clientélisme, la corruption et la « feymania » sont de mise ? Nous proposons dans ce paragraphe un processus de gestion des projets financés par les ressources PPTE/C2D qui permettra, s'il est appliqué rigoureusement, d'optimiser l'utilisation des fonds libérés par les deux initiatives.

Les montants en jeu sont impressionnants : près de *cent trente milliards de francs CFA* par an pendant les dix premières années suivant l'atteinte du « point d'achèvement » !

3.5.1. Le cadre territorial

L'organisation territoriale au Cameroun est constituée, hiérarchiquement :

- de 10 Provinces qui ont vocation à devenir des Régions suivant la Constitution de janvier 1996,
- de 58 Départements,
- de 268 Arrondissements,
- de 53 Districts,
- de 338 Communes (dont 2 urbaines, 11 urbaines d'arrondissement, 9 à régime spécial et 316 rurales).

Les Provinces sont dirigées par des Gouverneurs, les Départements par des Préfets, les Arrondissements par des sous-Préfets, les Districts par des Chefs de District (Préfets) et les Communes par des Maires.

3.5.2. Le Contrat Etat-Province

Compte tenu de l'organisation territoriale précédente, construire un schéma PPTE/C2D dans le contexte camerounais revient à définir deux grandes orientations :

- celle de l'Etat qui doit définir les axes d'une politique nationale de lutte contre la pauvreté et les priorités d'investissements pour l'ensemble du pays dans un Document de Développement National (DDN),
- celle des Provinces qui doivent être partie prenante d'une opportunité de développement à inscrire dans un contrat avec l'Etat dans le cadre des orientations de décentralisation adoptées par le pays. Les orientations provinciales pourraient s'inscrire dans un Contrat Etat-Province.

Nous entendons par Contrat Etat-Province un contrat de développement entre l'Etat et les Provinces du Cameroun par lequel celui-ci s'engage à contribuer au développement de ces dernières en les y associant pleinement pour favoriser l'épanouissement des populations locales et impulser une dynamique collective au niveau national.

Dans le cadre des orientations nationales, le Comité Technique de Suivi (CTS) est l'organe qui doit gérer les priorités d'investissement conformément à la procédure définie par le processus PPTE/C2D. Par contre, s'il existe une volonté de mobiliser les forces vives du pays, une organisation spécifique doit être pensée pour faire émerger de la base (des populations) les projets locaux prioritaires à faire financer.

3.5.3. Les structures de fonctionnement

Elles seront au nombre de cinq :

- Le CTS doté d'une Commission Technique et Financière,
- Le CDP doté de 4 Commissions Thématiques,
- Les Correspondants Locaux du CDP.

La mobilisation des populations locales passe par les Provinces qui se constituent en Comité de Développement Provincial (CDP). Chaque CDP rédigera un Document de Développement Provincial (DDP) qui tiendra compte des orientations prises dans le cadre du DDN. Ce DDP devrait mettre en exergue :

- la situation économique et sociale de la Province,
- une stratégie de développement à 10-15 ans,
- les axes prioritaires à renforcer, développer ou faire émerger,
- les projets concrets à financer sous forme de fiche à annexer au DDP.

Le CDP sera constitué d'une quinzaine de personnes représentant les différents acteurs:

- 1 représentant du CTS assurant le secrétariat du Comité,
- 1 représentant du Gouverneur de la Province assurant la présidence du Comité,
- 1 représentant de chaque Préfet de Département (soit 6 en moyenne),
- 2 représentants des Associations ou ONG déclarées et domiciliées dans la Province,
- 3 représentants des Elus locaux (essentiellement des Maires élus),
- 2 représentants des Chefs de village.

Les représentants des Associations et ONG, des Elus locaux et des Chefs de village devront préalablement et sous l'autorité du Gouverneur, faire l'objet d'une désignation élective à l'intérieur de leur collège respectif. L'organisation de ces élections s'effectuera sous la responsabilité du représentant du CTS.

Le fonctionnement du CDP se fera soit en assemblée plénière soit en Commission Thématiques. Les Commissions Thématiques (CT) seront au nombre de quatre :

- développement urbain,
- développement rural,

- santé,
- éducation.

Chaque commission sera constituée de cinq à six personnes dont deux experts cooptés et extérieurs aux CDP. Les Commissions auront pour mission d'évaluer l'opportunité des projets.

Le CDP aura pour mission :

- d'élaborer le DDP,
- de sélectionner et hiérarchiser les projets en fonction du cadre défini dans le DDP,
- de mettre en place dans chaque mairie un correspondant local originaire ou maîtrisant la langue vernaculaire de la localité. Ce correspondant sera installé par le représentant du CTS sous l'autorité du Gouverneur.

Le Correspondant Local du CDP (CLCDP), salarié par le CTS, aura pour mission de :

- communiquer aux populations locales toutes les informations concernant le DDP,
- donner toute l'information sur les procédures relatives au montage des projets,
- servir en permanence de relais entre le CDP et les populations locales.

Il est ici clairement prévu que les 10 DDP seraient évalués par le CTS et que chaque projet inscrit dans les DDP fasse l'objet d'une évaluation par la Commission Technique et Financière avant tout financement par la procédure retenue dans le cadre du processus PPTE/C2D.

3.5.4. Le processus de gestion des projets

Le schéma de remontée de projets s'harmonisera au profit des populations locales et se conformera au processus à 9 étapes ci-dessous :

- étape 1 : Elaboration du cadre du Document de Développement Provincial par le CDP,
- étape 2 : Recueil d'information auprès des populations,
- étape 3 : Communication du DDP aux populations et accompagnement dans l'établissement des projets,
- étape 4 : Transmission des projets au CDP avec copie au CLCDP,
- étape 5 : Evaluation de l'opportunité des projets par les Commissions Thématiques,
- étape 6 : Remise du DDP au CTS,
- étape 7 : Evaluation technique et financière des projets par le CTS,
- étape 8 : Retour d'information sur les projets au CDP après élaboration du DDN,
- étape 9 : Retour d'information auprès de tous les acteurs.

Bien évidemment, ce schéma sera complété par la mise en place du financement du projet et l'utilisation du système SAGE-PPTE. Le contrôle par les populations locales s'exercera à plusieurs niveaux :

- par la participation de la société civile à la composition du CDP,
- par le suivi des projets lors de leurs évaluations par les commissions,
- par le retour d'information émanant du CDP.

Ce contrôle sera renforcé par l'adoption de la *bonne gouvernance* sociale et l'application à la lettre de la Constitution du 18 janvier 1996.

4. Les dix recommandations

Le Document Stratégique de Réduction de la Pauvreté constitue le canevas dans lequel s'inscrit notre proposition en mettant l'accent sur :

- le renouvellement des infrastructures,
- le retour à l'état de droit,
- l'investissement dans la formation et son adéquation avec l'emploi,
- la structuration de la société civile et le renforcement des capacités des acteurs en présence,
- la relance du secteur agricole,
- l'édification d'un véritable secteur industriel,
- le financement des petites et moyennes entreprises,
- l'attractivité du Cameroun pour les investisseurs étrangers.

La période 1945-1975 démontre, dans le cas des pays développés, le rôle incontournable de l'Etat en tant que force régulatrice de l'économie et acteur économique. En effet, l'Etat ne doit pas diriger le développement économique mais il doit cependant l'accentuer et l'orienter tant faire se peut en intelligence avec le secteur privé et la société civile. Opposer systématiquement Etat et secteur privé relève du dogmatisme ainsi que l'atteste le développement fulgurant de la Corée du Sud où l'Etat et le secteur privé ont travaillé de concert.

L'Etat peut, en jouant sur ses leviers régaliens, assurer ce rôle de co-opérateur. Il a à sa disposition la politique fiscale, la politique monétaire, la gestion des dépenses publiques et l'édiction ou le « monitoring » des marchés.

L'atteinte des huit objectifs de développement du Millénaire exige que le Cameroun réalise à l'horizon de 2010 un taux de croissance du PIB de l'ordre de 8% chaque année. Ce qui requiert un taux d'investissement représentant 30% du PIB sachant que ce taux stagne actuellement à 18%. Il est donc question de l'augmenter de près de deux tiers. D'autre part, le taux d'épargne s'établit actuellement à 15% du PIB. Ce qui signifie qu'il faut trouver 7% de ressources supplémentaires car les capitaux étrangers ne représentent à l'heure actuelle que 8% du PIB. L'objectif sera atteint avec un afflux de capitaux de l'ordre de 7% du PIB sous la forme de financements PPTE et/ou C2D. Ce qui représente en moyenne des investissements annuels supplémentaires de 65 milliards de francs CFA, soit un peu moins de 100 millions de dollars.

L'atteinte du « point d'achèvement » s'avère nécessaire pour atteindre le double objectif de multiplier par deux le revenu par habitant et diminuer de moitié le pourcentage de la population vivant en dessous du seuil de pauvreté.

4.1. Les leviers opérationnels

Le Cameroun doit mettre en place durant un an, l'année 2005, les stratégies décrites dans le Document de Stratégie de Réduction de la Pauvreté et mener à son terme un ensemble de réformes macroéconomiques structurelles. La poursuite du Programme National de Gouvernance est un point crucial dans l'optique d'atteindre le « point d'achèvement » dans les meilleurs délais. Cette action doit se mener simultanément avec les actions indiquées ci-dessous afin de réduire les risques de voir le Cameroun être de nouveau déclaré « off track ». Gardons à l'esprit que l'objectif ultime n'est pas l'atteinte du « point d'achèvement » qui n'est qu'une étape vers la pérennisation de la croissance et la redistribution équitable des richesses.

4.1.1. Les infrastructures

Les infrastructures devront être développées et la décongestion de la ville de Douala accélérée. Il s'agira de déconcentrer l'industrie naissante pour l'amener à essaimer l'intégralité des provinces du pays. L'état général médiocre des pistes et routes rurales ne favorise pas le désenclavement de certaines régions et en empêche le développement. La remise en état, l'augmentation et l'entretien du réseau routier constituent des facteurs évidents de création de richesses et d'amélioration des conditions de vie en alliance avec l'accès généralisé à l'eau potable. Le succès de ce programme sur les dix prochaines années repose sur une gestion économique saine ainsi que sur l'édification d'un tissu industriel diversifié et en majeure partie orienté vers la CEMAC.

4.1.2. Les micro-entreprises

Il faudra également aider à la structuration des micro-entreprises. Lesquelles forment le tissu actuel de l'économie camerounaise. Leurs faciliter l'accès au financement, à la formation et à l'investissement est nécessaire car elles sont très actives et constituent un vecteur de développement essentiel.

Véritables générateurs de revenus pour la majeure partie de la population, les micro-entreprises pourront faire décroître le taux de chômage qui est actuellement excessif et qui peut contrarier la croissance escomptée. La création d'un *Fonds d'Appui aux Filières Prometteuses* que sont l'élevage non intensif, les cultures vivrières et les services de proximité, s'avère indispensable. Il s'agit généralement de fonds d'actions économiques et sociales existant dans plusieurs pays et dont l'utilité et l'efficacité ne sont plus à démontrer.

Il est effectivement souhaitable d'encourager la liaison entre les petites structures précitées et le tissu des petites et moyennes entreprises ou industries.

Le Cameroun devra pleinement exercer son rôle économique prépondérant dans la sous-région.

4.1.3. Le secteur financier

Les coopératives et le secteur bancaire dans son ensemble devront s'établir comme pourvoyeurs de fonds en direction des micro-entreprises mais également vers le secteur dit informel.

La structuration du secteur bancaire pourra se faire à l'aide d'un *programme d'accompagnement* sur une période de cinq ans. Période pendant laquelle les différents acteurs du secteur seront formés et les structures établies de manière pérenne. On pourra par exemple doter ledit programme de garanties financières en ce qui concerne les prêts octroyés par les établissements de crédits aux micro-entreprises selon un schéma directeur à établir en concertation avec les parties prenantes.

4.1.4. Les industries

L'économie camerounaise est largement axée sur l'agriculture car ce secteur emploie un peu moins des trois quarts de la population active et génère 42% du PIB tandis que les services contribuent à hauteur de 38%. L'actuel septennat met l'accent sur le développement communautaire, le renforcement du secteur privé et la réduction de la pauvreté. Il faut injecter plusieurs dizaines de millions d'euros dans une quinzaine de grands projets et éviter tout saupoudrage en ne multipliant pas les petits projets. Cette approche permettra l'édification d'un véritable secteur agro-industriel.

Il faut en outre revenir sur la libéralisation des filières agricoles qui s'est effectuée sans accompagnement et sans préparation au niveau du monde agricole. Les problèmes de financement rencontrés par les planteurs n'ont toujours pas trouvé de réponse satisfaisante et plombent durablement ce secteur. Il est donc urgent de redéfinir la stratégie agricole nationale afin d'accompagner efficacement la transition de l'économie camerounaise qui doit passer d'une économie majoritairement agricole à une économie industrialisée.

Actuellement, le secteur industriel ne représente que 20% du PIB. Dans cette optique, les *fonds dédiés à l'industrialisation* devront être privilégiés et de nouvelles priorités telles que la gestion de l'environnement et la participation de la société civile seront mises en avant.

L'institution d'un *Fonds de Coopération Industrielle* ayant pour vocation d'aider les entreprises étrangères intéressées par le secteur privé camerounais permettra de répondre à plusieurs problématiques :

- mener des études de faisabilité dans les secteurs de l'industrie, des télécommunications, du transport, de l'énergie et de l'agriculture,
- financer lesdites études,
- mettre en exergue les potentialités du Cameroun.

Ce fonds accélérera les flux de capitaux étrangers en direction du Cameroun et verra son efficacité mesurée à l'aune du rapport existant entre le montant des capitaux étrangers investis et la dotation de ce fonds. Un ratio de un pour quinze nous semble plausible. La constitution de ce fonds pourra se faire à parité entre l'Etat camerounais et les pays étrangers intéressés. La fraction revenant à l'Etat camerounais pourrait être financée en partie par les fonds PPTE ou par le C2D.

4.1.5. Le risque-pays

La croissance devra être portée principalement par les exportations en direction de la sous-région ou ailleurs mais également par l'investissement direct étranger. Ce, sachant que la majorité des IDE est dirigée vers le secteur pétrolier au détriment des autres secteurs.

L'attractivité d'un pays pour les investisseurs étrangers repose sur de multiples facteurs dont les principaux sont :

- la santé économique en général,
- l'état des infrastructures,
- la productivité de la main d'œuvre,
- les perspectives de croissance,
- la gestion de la dette extérieure,
- la flexibilité fiscale,
- les incitations fiscales (exonérations, abattements, réduction des prélèvements sociaux, amortissements accélérés et certaines gratuités)
- le risque politique.

En déduction, la plupart des pays proposent un arsenal identique de séduction au demeurant impressionnant et la différentiation se fait avec d'autres éléments, à savoir la *bonne gouvernance*, des infrastructures adaptées, un bon niveau de qualification et un système judiciaire fiable.

Dans le cas du Cameroun, il faudra veiller à appliquer les mesures ci-contre :

- améliorer la sécurité des biens et des personnes,
- éradiquer la corruption,
- réformer le système judiciaire,
- améliorer les infrastructures (eaux, routes, énergies,...),
- gérer la dette extérieure en fonction des standards internationaux,
- former les acteurs économiques et structurer le secteur bancaire.

Ces dernières années, le flux annuel d'IDE se situait autour de 100 millions de dollars. Ce qui est insuffisant. En attendant que la tendance s'oriente vers la hausse, la création d'un *Fonds d'Investissement* dédié au secteur non pétrolier peut s'opérer avec les ressources du C2D.

La bonne marche des projets financés par ce fonds alliée aux mesures précédentes drainera des capitaux privés en mal de rentabilité. Ce qui permettra au Cameroun d'intégrer le cercle vertueux du développement et de quitter la spirale du sous-développement.

Les IDE viendront compléter l'épargne et permettront de réaliser des investissements importants qui généreront des gains de productivité et par voie de conséquence une hausse des revenus. L'investissement direct facilitera également le transfert technologique et participera ainsi à l'accumulation du capital humain.

4.2. Les 10 recommandations

L'analyse qui précède nous conduit à proposer un éventail de dix recommandations afin que la mise en place de l'initiative PPTE apporte les fruits escomptés et ne soit pas vaine mais surtout qu'elle serve de point de départ vers des cieux meilleurs.

Recommandation n°1 : Le rôle de l'Etat, tu te le réapproprieras.

Recommandation n°2 : Les capacités de la Société Civile et de l'Etat, tu renforceras.

Recommandation n°3 : L'état de droit, tu restaureras (et les textes de lois, tu appliqueras).

Recommandation n°4 : Les tableaux de bords économiques et sociaux, tu instaureras.

Recommandation n°5 : La population et les centres de décision, tu rapprocheras (et les services publics, tu *déconcentraliseras*).

Recommandation n°6 : Les infrastructures, l'éducation et la santé, tu développeras.

Recommandation n°7 : Les produits d'exportation, tu diversifieras.

Recommandation n°8 : Les marchés régionaux, tu créeras.

Recommandation n°9 : Les fonds dédiés au financement des petites et moyennes entreprises, tu multiplieras.

Recommandation n°10 : Le risque-pays, tu réduiras (et l'utilisation de l'aide publique au développement, tu justifieras).

CONCLUSION GENERALE

Le fardeau que constitue la dette est une réelle entrave au développement de l'Afrique, d'autant plus que son service, érigé en priorité gouvernementale, se fait au détriment des dépenses liées à l'éducation, à la santé et aux infrastructures, créant ainsi une situation inadaptée à l'expression de l'esprit d'entreprise pourtant présent sur le continent. L'exercice des talents et la création de richesses par les entrepreneurs requièrent en effet une gestion saine des affaires publiques couplée à une *bonne gouvernance* sociale. L'initiative Pays Pauvres Très Endettés dite PPTE en ramenant le service de la dette à un niveau soutenable permettra de stimuler la croissance économique et favorisera la participation des populations concernées aux différents processus de décision. Cette initiative constitue un levier qui, utilisé à bon escient, pourra conduire à l'édification d'un cadre favorable au développement.

Une annulation pure et simple de la dette au travers de cette initiative est à proscrire car elle générera une asymétrie d'information entre les bons et les mauvais dirigeants. Elle fragilisera les uns, déresponsabilisera les autres et surtout réduira à terme l'aide au développement. A l'opposé, une réduction partielle et optimale limitera les risques de *sélection adverse*, de *hasard moral* et de substitution de financements. Cette seconde option conduira en sus à libérer des fonds qui seront immédiatement affectés au financement des biens collectifs tandis que l'aide au développement pourra plutôt alimenter le secteur privé sous forme d'abondements. Abondements qui participeront à la création de fonds de développement industriels, de financement des petites et moyennes entreprises et à l'instauration de co-opérations avec le secteur bancaire dans le cadre de financement et de couverture de projets. Concomitamment, l'affirmation des principes de droit, l'affermissement de la démocratie et un meilleur fonctionnement des services administratifs (douane, impôt, justice, police…), aidés en cela par une partie des financements libérés par l'initiative PPTE, pourront concourir à l'édification d'un cadre politique, économique et social favorable à l'épanouissement des populations et à l'avènement de la démocratie participative.

Les enjeux sont de taille, il s'agit en définitive de s'approprier les deux facettes du concept de *bonne gouvernance* (*bonne gouvernance* économique, *bonne gouvernance* sociale) et d'utiliser les fonds libérés par l'initiative PPTE afin de créer des conditions idoines permettant aux entrepreneurs africains ou étrangers de redéployer leur énergie et leur créativité dans des projets de développement en Afrique d'une part et d'autre part de permettre aux populations africaines de se prendre en charge et de décider collectivement de leur devenir.

D'une initiative purement financière et s'inscrivant dans la droite ligne des plans d'ajustement structurel du FMI, nonobstant une inflexion au niveau des conditionnalités, il faut en faire à la fois un instrument de relance et un outil de développement économique et humain en mettant en perspective les nombreux enjeux qui lui sont sous-jacents.

Une occasion tangible est ainsi offerte aux Africains et à leurs gouvernants de sortir de l'état de paupérisation et de marginalisation actuel afin de participer au progrès mondial et de tirer profit des échanges commerciaux planétaires. Bien entendu, cette initiative n'est pas la panacée et ne résoudra pas à elle seule tous les maux dont souffre le continent. Toutefois, elle se présente et la saisir pleinement serait faire preuve de bon sens.

Ceci exige la redéfinition des politiques industrielles, le renouvellement des infrastructures, la relance de la formation avec l'accès à l'enseignement primaire pour tous, la lutte contre la corruption, l'éradication des maladies endémiques freins au développement, l'encouragement de la recherche tant publique que privée, l'adéquation de la formation avec les emplois, la restructuration du secteur bancaire au sens large, la pérennisation de la société civile et le renforcement des capacités de l'Etat. C'est dans cette optique que le Document de Stratégie de Réduction de la Pauvreté s'impose comme l'instrument par excellence permettant d'expliciter et d'appliquer ce qui précède. Et ce, dans l'espoir ou plutôt l'espérance de voir les huit objectifs de développement du Millénaire être atteints nonobstant le désespoir présent dans les esprits et l'afro-pessimisme ambiant.

Nous appelons de tous nos vœux à la création d'un Observatoire PPTE par les pays éligibles à l'initiative, les bailleurs de fonds et le PNUD. Cet observatoire aura pour mission d'analyser le processus PPTE, de décortiquer sa mise en place dans les différents pays afin d'en extraire les leviers opérationnels, de faire partager les bonnes pratiques, de mettre à l'index les errements, et de communiquer sur l'initiative et ses résultats en terme de réduction de la pauvreté et de croissance retrouvée.

L'observatoire devra s'appuyer sur les institutions existantes, collecter les informations et diffuser le plus largement possible les résultats obtenus qu'ils soient négatifs ou positifs. Il devra donc être supra-national. Cette prise de conscience collective accentuera l'appropriation des concepts de *bonne gouvernance* économique et de *bonne gouvernance* sociale par les populations africaines et leurs dirigeants.

Le suivi de nos dix recommandations est, à notre humble avis, un moyen efficace et transparent de prendre part à l'essor du continent africain et de faciliter son insertion dans le concert des nations afin de participer au progrès mondial.

"Cette initiative (PPTE) représente un progrès décisif...Le nouveau mécanisme s'attaque à l'endettement sous toutes ses formes pour que les pays puissent s'affranchir d'un endettement intolérable. C'est un très grand pas pour les déshérités du monde,"— **James D. Wolfensohn, Président de la Banque Mondiale (1995-2005).**

BIBLIOGRAPHIE

J.-J. Aerts, D. Cogneau, J. Herrera, G. de Monchy et F. Roubaud, *L'économie camerounaise. Un espoir évanoui*, Karthala, 2000

B. Aghevli et M. Kahn, « Government Deficits and the Inflationary Process in Developing Countries », *International Monetary Fund Staff Papers, 25* (September), 1978

A. Alesina et G. Tabellini, « External Debt, Capital Flights and Political Risk », *Journal of International Economics*, n° 104, 325-345, 1989

Mahaman Tidjani Alou, « Globalisation : l'Etat africain en question », *Afrique contemporaine*, Numéro spécial, 3ème trimestre 2001

G. Akerlof, « The Market for Lemons: Qualitative Uncertainty and the Market Mechanism », *Quarterly Journal of Economics, 74, 1971*

Heinz. W. Arndt, *Economic Development. The History of an Idea*, The University of Chicago Press, 1987

D. Bach, *Régionalisation, mondialisation et fragmentation en Afrique subsaharienne*, Karthala, Paris, 1998

B. Balassa et D. MacCarthy, « Adjustment Policies in Developing Countries, 1979-83 : An Update », Washington D.C. *World Bank Staff Working Paper, 675* (November), 1984

Banque Mondiale, *L'Afrique Subsaharienne. De la crise à une croissance durable. Etude de perspective à long terme*, Washington, DC, 1989

Banque Mondiale, *L'ajustement en Afrique. Réformes, résultats et chemin à parcourir. Rapport de la Banque mondiale sur les politiques de développement*, Washington, DC, 1994

Banque Mondiale, *L'Etat dans un monde en mutation. Rapport sur le développement dans le monde*, Washington DC, 1997

Banque Mondiale, *L'Afrique peut-elle revendiquer sa place dans le XXIè siècle ?*; 2000

Banque Mondiale, *Combattre la pauvreté. Rapport sur le développement dans le monde*, Editions Eska, Paris, 2001

Banque Mondiale, *Indicateurs du développement dans le monde* 2002

Banque Mondiale, *Un meilleur climat de l'investissement pour tous. Rapport sur le développement dans le monde*, 2005

Jean-François Bayart, *L'Etat en Afrique. La politique du ventre*, Fayard, 1992

Jean-Claude Berthélemy, « Réduction de la dette et réforme de la politique économique », *Pays en développement,*2764, juin 2002

Agnès Bertrand et Laurence Kalafatides, *OMC, le pouvoir invisible*, Fayard, 2002

Nancy Birdsall, Stijn Claessens et Ishac Diwan, « Policy Selectivity Foregone: Debt and Donor Behavior in Africa », Working Paper, 2002

Peter B. Henry et Serkan Arslanalp, « The World's Poorest Countries :Debt Relief or Aid ? », Stanford, *GSB Research Paper* No. 1809, Août 2003

Graham Bird et Alister Milne, « Debt Relief for Low Income Countries:is it Effective and Efficient? », *The World Economy*, vol 26, 45-59, janvier 2003

M. Blejer et M. Khan, « Government Policy and Private Investment in Developing Countries », *IMF Staff Papers* n°31, 379-403, 1984

E. Borensztein, « The Effect of External Debt on Investment », *Finance and Development*, September, 17-23, 1989

A.-S. Bougouin et M. Rafinot, « L'initiative PPTE et la lutte contre la pauvreté », in Cling, Razafindrakoto et Roubaud, *Les nouvelles stratégies internationales de lutte contre la pauvreté*, Economica, 2002

Craig Burnside et Domenico Fanizza, « Hiccups for HIPCs », *NBER Working Paper* n°10903, novembre 2004

G. A. Calvo, L. Leiderman et C.M. Reinhart, « Inflows of Capital to Developing Countries in the 1990s », *Journal of Economic Perspectives* n° 10, vol 2, 123-139, 1996

R. Cassen, « The Effectiveness of Aid », *Finance and Development*, March, 11-14, 1986

Gérard Chambas et François Kerhuel, « La réforme de l'Etat :implications des cadres stratégiques de réduction de la pauvreté », *Afrique contemporaine*, Numéro spécial, 3eme trimestre 2001

CNUCED, Rapport sur l'investissement dans le monde, 1999

CNUCED, Le développement économique en Afrique, 2002, 2003, 2004

CNUCED, Rapport de la conférence internationale sur le financement du développement, 2002

CNUCED, Rapport du sommet mondial pour le développement durable, 2002

CNUCED, Rapport sur le commerce et le développement, 1999, 2000, 2001, 2002, 2003, 2004

D. Cohen, « The HIPC Initiative : True and False Promises », *OECD Development Centre, Technical paper* n°166, 2000

D. Cohen, « Low investment and large LDC debt in the 1980s », *American Economic Review*, vol 83, 437-449, 1993

Paul Collier, Anke Hoeffler et Catherine Patillo, « Flight Capital as Portfolio Choice », *World Bank Policy Research Working Paper* n°2066, février 1999

Sebastian Edwards, « Debt Relief and the Current Account: An Analysis of the HIPC Initiative », *World Economy*, vol 26,513-531, 2003

G. Feder, « On Exports and Economic Growth », *Journal of Development Economics, 12* (February-April), 1982

S. Fisher, « The Economics of the Government Budget Constraint », Washington D.C., *World Bank PPR Working Paper WPS, 224* (May), 1989

FMI, *Facilité pour la réduction de la pauvreté et la croissance (FRCP). Questions d'ordre opérationnel*, Département de l'évaluation et de l'examen des politiques, 1999

M. Fry, « Foreign Debt Accumulation: Financial and Fiscal Effects and Monetary Reactions in Developing Countries », *Journal of International Money and Finance, 12* (August), 1993

V. Hajivassilipo, « The External Debt Repayments Problems of LCD's: An Econometric Model Based on Panel Data », *Journal of Econometrics, 36* (September-October), 1987

Leonardo Hernandez et Saori Katada, « Grants and Debt Forgiveness in Africa », *World Bank Policy Research Working Paper* n° 1653, 1996

Akhtar Hossain et Anis Chowdhury, *Open-Economy Macroeconomics for Developing Countries*, Edward Elgar publishing Limited, Massachusetts, USA, 1998

Philippe Hugon, « Nouveaux défis économiques et financiers », *Problèmes économiques* n° 2782, octobre 2002

International Financial Statistics Year Book of the International Monetary Fund, Several Issues from 1989 to 2003

O. Jokung Nguéna, J.-L. Arrègle , Y. De Rongé et W. Ulaga, *Introduction au management de la valeur*, Dunod, 2001

O. Jokung Nguéna, « Toward a Dynamic Management of External Debt within the Countries Eligible to the HIPC Initiative », *Working Paper* , 2003

F.-R. Mahieu, *Les fondements de la crise économique en Afrique*, L'Harmattan, Paris, 1990

Ravi Kanbur, « Nouveau partenariat pour le développement : premiers commentaires », *Problèmes économiques* n° 2782, octobre 2002

Mamadou Koulibaly, *Le libéralisme. Nouveau départ pour l'Afrique Noire*, L'Harmattan, 1992

A. Krueger, « Debt, Capital Flows, and LDC Growth », *American Economic Review, 77* (May), 1987

John Mackinnon and Ritva Reinikka, « Lessons from Uganda on Strategies to Fight Poverty », *World Bank Policy Research Working Paper* n°2440, novembre 1999

J. Manor, *The Political Economy of Democratic Decentralization*, The World Bank, Washington, DC, 1999

J. Morisset, « Can Debt-Reduction Restore Economic Growth in Highly Indebted Countries ? », *Revue d'économie politique, 101* (July-August), 1991

Charles Nach Mback, « La décentralisation en Afrique : enjeux et perspectives », *Afrique contemporaine*, Numéro spécial, 3ème trimestre 2001

J.-D. Naudet, « Réduire la dette ou réformer l'aide ? » in Cling, Razafindrakoto et Roubaud, *Les nouvelles stratégies internationales de lutte contre la pauvreté*, Economica, 2002

Françoise Nduwimana, *Société civile africaine :enjeux et perspectives d'une prise de conscience*, Partenariat Afrique Canada, 2004

José Antonio Ocampo, « Repenser la question du développement », *Problèmes économiques* n° 2816, juillet 2003

PNUD, Rapport mondial sur le développement humain, 1997

PNUD, Rapport mondial sur le développement humain, 1999

PNUD, Rapport du PNUD sur la pauvreté 2000

PNUD, Rapport mondial sur le développement humain, 2002

PNUD, Rapport mondial sur le développement humain 2003

Programme National de Bonne Gouvernance, *Cameroun :les chantiers de la Gouvernance*, 2004

Marc Raffinot, « Le second souffle de l'aide? », *Problèmes économiques* n° 2782, octobre 2002

John Rapley, *Understanding Development. Theory and Practice in the Third World*, Lynne Rienner Publisher, 1996

Robert Rasmussen, « Integration a Theory of the State into Sovereign Debt Restructuration », *Emory Law Journal*, 2004

P. Reding, « La dette des pays en voie de développement », *Revue Politique, 5-6, 1990*

D. Rondenelli, J. McCullough et R. W. Johnson, « Analysing Decentralization Policies in Developing Countries : A Political-Economy Framework », *Development and Change*, vol 20, p57-87, 1989

Amin Samir, *Le développement inégal*, Editions de Minuit, 1973

B. Sarrasin, *Ajustement structurel et lutte contre la pauvreté en Afrique. La Banque Mondiale face à la critique*, L'Harmattan, 1999

M. Spence, « Market Signaling: Informational Transfer in Hiring and Related Processes », Cambridge, *Harvard University Press*, 1974

Joseph Stiglitz et A. Weiss, « Credit Rationing in Markets with Imperfect Information », *American Economic Review*, 71 (June), 1981

Joseph Stiglitz, « Peer Monitoring and Credit Markets », *World Bank Economic Review*, *4* (September), 1990

Joseph Stiglitz, *La grande désillusion*, Fayard, 2002

Eric Toussaint, et Damien Millet, *50 questions/ 50 réponses sur la dette, la banque mondiale et le FMI*, coédition CADTM-Bruxelles/Syllepse-Paris/CETIM-Genève, 2004

Eric Toussaint, « A qui profite réellement l'Aide Publique au Développement » in *La finance contre les peuples. La bourse ou la Vie*, coédition CADTM-Bruxelles/Syllepse-Paris, 2002

Nicolas van de Walle, « Les bailleurs et l'Etat en Afrique », *Afrique contemporaine*, Numéro spécial, 3ème trimestre 2001

Peter Walkenhorst, « Echanges, dette et développement : un bilan de l'initiative PPTE », *Problèmes économiques* n° 2829, octobre 2003

World Bank, *World Development Report 1998-1999*, Washington, D.C., 1999

World Bank, *World Development Report 1999/2000: Entering the 21st Century:The Changing Development Landscape*, Oxford University Press, 1999

World Bank, *Global Development Finance*, 2003

« Debt Initiative for the Heavily Indebted Poor Countries (HIPCs) », International Monetary Funds (September 2000). http://www.imf.org/external/np/exr/facts/hipc.htm.

« Initiative in favor of the heavily in debt poor countries and strategic frameworks of fight against poverty - Management Report », Memorandum of the General manager of the IMF and the President of the World Bank to the members of the monetary and financial Committee international and to the members of the Committee of the development (September 7, 2000). http://www.imf.org/external/np/hipc/2000/memo.htm.

« IMF-Group of the World Bank: a partnership reinforced for a durable growth and a retreat of poverty », joint declaration Misters Horst Köhler and James Wolfensohn (September 5, 2000)

Divers sites internet ont été visités mais principalement ceux qui suivent:
Banque de France : www.banque-france.fr, Club de Paris : www.clubdeparis.org, FMI :www.imf.org, OCDE : www.oecd.org, PNUD :www.undp.org, Banque Mondiale :www.worldbank.org, CNUCED : www.unctad.org, CADTM, Comité pour l'annulation de la dette du Tiers-Monde, www.cadtm.org

LEXIQUE

AGOA (African Growth and Opportunity Act). Cette loi sur la croissance et les possibilités économiques en Afrique a été votée par le Congres américain en mai 2000 et traduit un accord commercial unilatéral entre les Etats-Unis et l'Afrique et facilite l'accès au marché américain pour les produits africains (franchise de douane, sans contingentement,...). Elle favorise en outre l'appui aux efforts de réformes initiés en Afrique.

AID (Association Internationale de Développement) / IDA (International Development Association). Institution spécialisée complémentaire de la BIRD (Banque Internationale pour la Reconstruction et le Développement), elle a été créée en 1960 pour permettre aux pays les plus pauvres, qui n'ont accès à aucun marché de capitaux, de bénéficier de prêts à taux quasi-nul sur une durée de 35 à 40 ans. Seuls les pays dont le revenu par habitant n'excède pas un seuil donné (925 dollars/habitant en 1999) sont éligibles à ces ressources. 40% des ressources de l'AID bénéficient aujourd'hui à l'Afrique subsaharienne.

Aide publique au développement (APD). L'APD recouvre les dons ou les prêts consentis à des conditions financières privilégiées aux pays en développement par des organismes publics de pays industrialisés.

Ajustement structurel. Les programmes d'ajustement structurel regroupent les conditions posées par le FMI au rééchelonnement de la dette des pays en développement à partir des années 1980. Visant au rétablissement des balances commerciale et financière extérieures, ils préconisent une baisse des dépenses publiques, ainsi que des mesures structurelles du type privatisations, libre circulation des capitaux, ...

AMGI (Agence Multilatérale de Garantie des Investissements) / MIGA (Multilateral Investment Guarantee Agency). Institution spécialisée du groupe de la Banque mondiale créée en 1988, elle a pour objectif d'encourager les investissements privés productifs en assurant la couverture des risques par des émissions de garanties ou d'assurances. Elle intervient actuellement principalement dans cinq pays : Argentine, Brésil, Pérou, Russie, Turquie. Elle devrait progressivement augmenter le nombre et le volume de ses opérations dans les pays les plus pauvres, en Afrique en particulier.

Allègements ou annulations de la dette. Remises partielles ou totales de la dette appliquées aux amortissements, aux intérêts ou même à l'ensemble de la dette

Amortissement. Remboursement du principal de la dette.

Arriérés. Dette due et non remboursée à une date précise. Les arriérés peuvent correspondre à des retards de paiement ou à une dette échue depuis longtemps.

Banque Mondiale. Le Groupe de la Banque Mondiale comprend la Banque Internationale pour la Reconstruction et le Développement

(BIRD), la Société Financière Internationale (SFI), l'Association Internationale de Développement (AID), le Centre international de règlement des différends, l'Agence Multilatérale de Garantie des Investissements (MIGA). La Banque possède un capital apporté par les pays membres et emprunte sur les marchés internationaux de capitaux. Elle finance des projets sectoriels, publics ou privés, à destination des pays en développement et en transition.

BAD (Banque Africaine de Développement) / ADB (African Development Bank). Le Groupe BAD a été créé en 1964 et compte 77 pays membres. Il est constitué de 3 institutions : African Development Bank, African Development Fund et Nigeria Trust Fund. Son objectif est de promouvoir le développement économique et social en finançant des projets de développement et en apportant une assistance technique. La BAD quant à elle est une banque régionale de développement fonctionnant depuis 1966 avec un objectif identique à celui du groupe mais avec une action se limitant au continent africain.

BIRD (Banque Internationale pour la Reconstruction et le Développement) / IBRD (International Bank for Reconstruction and Development). Institution spécialisée des Nations Unies, elle a été créée en 1944 à l'issue de la Conférence de Bretton Woods pour accorder des aides sous forme de prêts, afin de faciliter la reconstruction et le développement des économies des Etats membres. L'activité de la Banque, orientée au lendemain de la seconde guerre mondiale vers la reconstruction des pays détruits, est aujourd'hui tournée vers les pays en développement.

CAD. Le CAD créé en 1961, est le principal organe de l'OCDE (Organisation de Coopération et de Développement Economiques) en matière de développement. Il compte 23 pays membres.

CEDEAO. La Communauté Economique des États d'Afrique de l'Ouest comprend 15 membres : Bénin, Burkina Faso, Cap Vert, Côte d'Ivoire, Gambie, Ghana, Guinée, Guinée-Bissau, Libéria, Mali, Niger, Nigéria, Sénégal, Sierra Léone, Togo. Elle a été créée en 1977. Ses missions consistent à promouvoir la coopération et le développement dans tous les domaines de l'activité économique, à abolir les restrictions au commerce, à supprimer les obstacles à la libre circulation des personnes, des services et des biens, à veiller sur l'harmonisation des politiques sectorielles régionales. Elle doit également favoriser l'émergence d'un marché commun ouest-africain ainsi que l'avènement d'une union monétaire.

CEEAC (Communauté Economique des Etats d'Afrique Centrale). Elle est composée de l'Angola, du Burundi, du Cameroun, du Congo, du Gabon, de la Guinée Equatoriale, du Tchad, de la république Centrafricaine, de la République Démocratique du Congo, du Rwanda et de Sao Tomé et Principe. Elle a été créée en 1983 par Sao Tomé et

Principe, les membres de l'Union Douanière des Etats de l'Afrique Centrale et ceux de la Communauté Economique des Pays des Grands Lacs. La CEEAC vise à atteindre une autonomie collective, à élever les niveaux de vie des populations locales et à maintenir une stabilité économique grâce à une coopération harmonieuse. Son objectif ultime est d'établir un marché commun des Etats de l'Afrique centrale.

CEMAC (Communauté Economique et Monétaire d'Afrique Centrale). Elle a été créée en 1999 et compte 6 membres, en l'occurrence le Cameroun, le Congo, le Gabon, la Guinée Equatoriale, la république Centrafricaine et le Tchad. Elle a pour mission l'établissement d'une union de plus en plus étroite entre les peuples des Etats membres pour raffermir leurs solidarités géographique et humaine, la promotion des marchés nationaux par l'élimination des entraves au commerce intercommunautaire, la coordination des programmes de développement, l'harmonisation des projets industriels, le développement de la solidarité des pays membres au profit des pays et régions défavorisés et la création d'un véritable marché commun africain

Club de Paris. Créé en 1956, il s'agit d'un groupe informel d'Etats créanciers, spécialisé dans la normalisation des défauts de paiement des pays en développement. Les 19 pays industrialisés membres du Club de Paris, qui détiennent près de 30% du stock de la dette des pays en développement, ont rééchelonné la dette de près de 80 pays.

Clause de minimis. Les accords du Club de Paris définissent généralement un seuil « de minimis ». Lorsque les créances rééchelonnables d'un créancier du Club de Paris sont inférieures à ce seuil, ce créancier participe alors aux réunions en tant qu'observateur et ses créances ne sont pas rééchelonnées. Cette règle vise à empêcher les traitements qui n'auraient pas un impact significatif en terme d'allègement de dette et se révéleraient coûteux à mettre en œuvre.

CNUCED (Conférence des Nations Unies sur le Commerce et le Développement) / UNCTAD (United Nations Conference on Trade and Development). Créée en 1964, la Conférence des Nations Unies sur le Commerce et le Développement vise à intégrer les pays en développement dans l'économie mondiale. La CNUCED est un forum intergouvernemental qui réalise des travaux de recherche et d'expertise et offre une assistance technique aux pays en développement, notamment aux pays les moins avancés.

Coface. Créée en 1946 par l'Etat français, elle est actuellement la propriété du Groupe des Banques Populaires. Elle propose l'assurance, l'information et la notation d'entreprise, la gestion des créances, l'affacturage. Elle gère les garanties publiques à l'exportation pour le compte de l'Etat français.

Consensus de Washington. Le « consensus de Washington » tire son nom d'un article de l'économiste John Williamson, qui a défini, en 1989, dix recommandations, notamment en direction de l'Amérique latine : Discipline budgétaire, Réorientation de la dépense publique, Réforme fiscale, Libéralisation financière, Elimination des barrières à l'investissement direct étranger, Privatisation des entreprises publiques, Dérégulation des marchés, Prise en compte des droits de propriété. La Banque mondiale et le FMI ont ensuite décidé de subordonner leurs prêts à l'adoption de politiques inspirées de ces thèses.

Consolidation. Modifications des conditions de remboursement de la dette. Elle peut s'effectuer soit au travers d'une modification des termes contractuels de la dette existante (on parle alors de « rééchelonnement »), soit par échange de la dette avec un nouvel instrument (notamment, au travers du « refinancement »).

Conversions de créances. Ces opérations peuvent se traduire par ces conversions en nature, en aide, en créances ou dans d'autres opérations en monnaie locale. Elles impliquent souvent la cession de la dette par un pays créancier à un investisseur qui, en retour, vend la dette au pays débiteur en échange de parts dans une entreprise locale ou en échange de monnaie locale utilisée pour des projets dans le pays concerné. Les débiteurs et les créanciers font rapport au secrétariat du Club de Paris sur les transactions réalisées.

Crédits APD et crédits non-APD. Les crédits APD (« aide publique au développement ») sont définis par la méthodologie de l'OCDE comme des crédits à taux réduit dont l'objet est de favoriser le développement.

Crédits commerciaux. Ce sont les crédits accordés par une banque ou un fournisseur à un pays débiteur en contrepartie de l'importation de biens ou services. Lorsque ces crédits sont garantis par une institution appropriée de l'un des pays membres du Club de Paris, ils sont inclus dans les créances traitées lors des négociations du Club de Paris. Les crédits " non APD " sont parfois appelés « crédits commerciaux ».

Créanciers publics. Cette notion recouvre : a) les créanciers publics bilatéraux (Etats ou leurs institutions compétentes), y compris les membres du Club de Paris ; b) les créanciers multilatéraux (les institutions internationales telles que le FMI, la Banque Mondiale ou les Banques Régionales de développement).

Date butoir. Lorsqu'un pays débiteur rencontre pour la première fois ses créanciers au sein du Club de Paris, la « date butoir » est alors fixée et ne sera pas modifiée lors des traitements ultérieurs du Club de Paris ; elle garantit que les crédits accordés après cette date ne feront pas l'objet d'un rééchelonnement. Par conséquent, la date butoir permet de restaurer l'accès au crédit des pays débiteurs qui sont confrontés à des difficultés de paiement. Cette date scinde la dette en deux parts : celle contractée avant la date butoir et qui est susceptible d'être rééchelonnée ou annulée et celle contractée après la date butoir qui, en principe ne peut être ni rééchelonnée ni annulée.

Dette éligible. C'est la dette qui peut faire l'objet d'un traitement dans le cadre d'un accord du Club de Paris.

Différé (de paiement). Un traitement de dette peut se traduire par un différé d'une partie de la dette due immédiatement ou dans un avenir proche à une date ultérieure. Quand un nouvel échéancier de remboursement à long terme est défini, le traitement n'est pas appelé différé mais reprofilage ou rééchelonnement.

Dette extérieure. C'est la somme de la dette publique, de la dette privée et de la dette multilatérale.

Dette multilatérale. Il s'agit de la dette contractée auprès des institutions internationales.

Droits de tirage spéciaux (DTS). Le FMI a créé en 1969 le droit de tirage spécial (DTS), à titre d'instrument de réserve international, pour compléter les réserves existantes des pays membres (avoirs officiels en or et en devises, et positions de réserve au FMI). Le DTS, qui sert d'unité de compte au FMI et à un certain nombre d'autres organismes internationaux, est aujourd'hui évalué sur la base d'un panier de grandes monnaies (dollar, euro, livre sterling et yen).

FAO (Organisation des Nations Unies pour l'Alimentation et l'Agriculture). Institution spécialisée des Nations Unies chargée du développement mondial des ressources agricoles afin d'élever le niveau de nutrition et les conditions de vie des populations rurales avec l'objectif ultime d'éradiquer la faim.

FAS (Facilité d'Ajustement Structurel) / FASR (Facilité d'Ajustement Structurel Renforcé). Les FAS (1986-1996) sont des facilités de crédits octroyées par le FMI, qui mettent l'accent sur la croissance, les réformes structurelles et un financement extérieur adapté sur une période de trois ans. Les pays qui peuvent y avoir accès doivent être très pauvres. Les FASR (1988-1999), qui ont pris le relais, comportent des prêts d'un montant plus élevé mais exigent des efforts importants dans le domaine structurel et font l'objet d'une conditionnalité rigoureuse : un programme d'ajustement structurel à moyen terme (trois ans).

Facilité pour la Réduction de la Pauvreté et pour la Croissance (FRPC). Créée en septembre 1999, la FRPC est une facilité de crédit du FMI qui a remplacé la FASR. Elle concerne 81 pays à faible revenu (dont le revenu par habitant en 2002 est inférieur à 875 dollars). La nouveauté par rapport à la FASR consiste en l'apparition de la notion de lutte contre la pauvreté, dans une stratégie économique globale toujours axée sur la croissance. Les autorités nationales sont alors tenues de rédiger un document de stratégie de réduction de la pauvreté (DSRP).

Fed (Federal Reserve Bank). C'est la banque Centrale des Etats-Unis. Elle a été créée en 1913 avec pour mission d'assurer aux Etats-Unis une stabilité et une flexibilité au niveau de son système monétaire et financier. Elle est dirigée depuis dix-huit ans par Alan Greenspan.

FIDA (Fonds International de Développement Agricole). Crée en 1977, il fait suite à la Conférence mondiale sur l'alimentation tenue en 1974. Il a pour mission de financer le développement rural dans les pays pauvres. Il fait partie des organisations des Nations-Unies.

Flux et stock. Lorsque le traitement ne s'effectue que sur une partie de la dette, par exemple sur les échéances à venir sur les trois prochaines années, on parle de traitement de flux. Seul le service de la dette est alors concerné. Lorsque le traitement s'applique sur l'ensemble de la dette, sans considération d'échéances et de période de consolidation, on parle de traitement du stock de la dette. Lorsque l'ensemble du stock de la dette est traité, l'accord est définitif dans la mesure où toutes les échéances à venir sont prises en considération.

FMI (Fonds Monétaire International) / IMF (International Monetary Fund). Institution spécialisée des Nations Unies, fondée officiellement en 1945, après la ratification par 29 pays des statuts adoptés à la conférence de Bretton Woods en juillet 1944. Il a été créé en vue d'encourager la coopération monétaire internationale, de promouvoir la stabilité des changes, de mettre temporairement, moyennant des garanties adéquates, ses ressources générales à la disposition des États membres qui ont des difficultés de balance des paiements.

Groupe des Dix (G10). Créé en 1962, il se compose des ministres des finances et gouverneurs des banques centrales de onze pays industrialisés (Allemagne, Belgique, Canada, France, Etats-Unis, Italie, Japon, Pays-Bas, Royaume-Uni, Suède et Suisse) et détermine les orientations de la coopération monétaire internationale. Il est le porte-parole des pays de l'OCDE auprès du FMI.

Groupe des Sept (G7), Groupe des Huit (G8). Le G7 est un groupe informel rassemblant les sept principaux pays industrialisés (Allemagne, Canada, Etats-Unis, France, Japon, Italie, Royaume-Uni) rejoints par la Russie en 1997. Initié en 1975 lors du sommet de Rambouillet (France), le G8 se réunit en sommet annuel des pays industrialisés et le G7 Finances réunit les ministres des finances et gouverneurs des banques centrales, sans la Russie.

Groupe des Soixante-dix-sept (G77). Fondé en 1964 dans le cadre de la première Conférence des Nations Unies pour le Commerce et le Développement (CNUCED), par soixante-dix-sept pays en développement, afin d'établir une position commune des pays en développement aux Nations Unies, face aux pays industrialisés, il compte aujourd'hui 134 membres.

Groupe des Vingt (G20). Forum de réflexion sur les finances mondiales, créé en 1999, qui regroupe le G7, l'Union européenne et douze pays émergents : Afrique du Sud, Arabie saoudite, Argentine, Australie, Brésil, Chine, Corée du Sud, Inde, Indonésie, Mexique, Russie, Turquie.

Groupe des Vingt-quatre (G24). Le G24 a été créé en 1971 par le Groupe des Soixante-dix-sept (qui rassemble les pays en développement aux Nations Unies), inquiet devant la montée en puissance du Groupe des Dix représentant les principaux pays industrialisés au sein du FMI. Il est un porte-parole des pays en développement pour l'ensemble des problèmes liés au développement.

Indicateur de développement humain (IDH). Indicateur élaboré par le PNUD (Programme des Nations Unies pour le Développement) et utilisé depuis 1990. Il combine trois éléments :

- l'espérance de vie à la naissance,
- le niveau d'instruction, mesuré par le taux d'alphabétisation des adultes (pour 2/3) et le taux brut de scolarisation tous niveaux confondus (pour 1/3),
- le revenu, mesuré par le PIB réel par habitant.

Indice de pauvreté humaine (IPH). Le PNUD a complété en 1997 l'indicateur de développement humain (IDH) par un indicateur spécifique de la pauvreté, l'indice de pauvreté humaine, qui repose sur exactement trois variables :

- le risque de mourir avant 40 ans,
- le taux d'analphabétisme parmi les adultes,
- les conditions de vie mesurées à la fois par l'accès aux services de santé, l'accès à l'eau potable et la sous-nutrition chez les enfants de moins de cinq ans.

Le PNUD a par la suite ajouté une quatrième variable, le taux de chômage de longue durée.

Intérêts moratoires, intérêts sur la consolidation. C'est l'intérêt appliqué aux montants rééchelonnés. Le taux d'intérêt ainsi que les conditions appliquées aux créances des membres du Club de Paris sont définis dans les accords bilatéraux.

Intérêts de retard. Il s'agit des intérêts courus sur les arriérés. Les intérêts de retard comprennent habituellement le taux d'intérêt d'origine du crédit auquel est ajoutée une pénalité.

Investissement Direct Etranger (IDE). Investissement effectué par une entreprise résidente d'une économie (investisseur direct) dans le but d'acquérir un intérêt durable dans une entreprise résidente d'une économie étrangère.

Jubilee 2000. Campagne internationale lancée en 1996 au Royaume-Uni, et reprise dans plus de 60 pays, pour l'annulation de la dette des pays les plus pauvres.

Nouveau partenariat pour le développement de l'Afrique (New Partnership for Africa's Development, NEPAD). Né en 2001 de la fusion de deux propositions de plan pour le développement de l'Afrique, avancées d'une part par le Sénégal, et d'autre part par l'Afrique du Sud, l'Algérie et le Nigeria, il rassemble les 53 pays membres de l'Union Africaine (UA), et se propose de sortir l'Afrique de sa marginalisation économique en privilégiant la *bonne gouvernance*, la démocratie et la notion de "partenariat" avec les pays du Nord.

Nouveaux pays industrialisés (NPI). Dans les années quatre-vingt, les NPI désignaient les pays en développement d'Asie connaissant une croissance économique rapide marquée par des transformations structurelles liées à l'industrialisation et des exportations de produits manufacturés.

Observateurs. Les observateurs sont soit des Institutions Financières Internationales (IFIs), soit des membres du Club de Paris qui n'ont pas de créances rééchelonnées dans un traitement de dette (créanciers de minimis, créanciers titulaires de créances à court terme ou postérieures à la date butoir ...) Ils assistent aux sessions de négociations mais ne signent pas les procès verbaux agrées, dans lesquels ils sont cités comme observateurs.

OCDE (Organisation de Coopération et de Développement Economique). Créée en 1961 pour remplacer l'Organisation Européenne de Coopération Economique, émanation du Plan Marshall de 1947, elle offre un cadre unique permettant à ces 30 pays membres de répondre de concert aux défis économiques, sociaux, environnementaux et de gouvernance. Elle aide les Etats membres à lutter contre la pauvreté, à favoriser la croissance économique, à assurer la stabilité financière, à encourager les échanges, l'investissement, l'innovation et la coopération.

ODM (Objectifs de développement du Millénaires). Il s'agit d'objectifs à réaliser d'ici 2015 et fixés par les Nations Unies en 2000. Les 8 objectifs du millénaire consistent à réduire l'extrême pauvreté et la faim, assurer l'éducation primaire à tous, promouvoir l'égalité des sexes et l'autonomisation des femmes, réduire la mortalité infantile, améliorer la santé maternelle, combattre le VIH/Sida, le paludisme et d'autres maladies, assurer un environnement durable, mettre en place un partenariat mondial pour le développement.

OHADA (Organisation pour l'Harmonisation du Droits des Affaires en Afrique). Le Traité de l'OHADA est entré en vigueur en 1996. Il concerne 16 pays, en l'occurrence les 14 pays de la Zone franc, Comores et la Guinée. Ce traité a pour objectif de garantir la sécurité juridique au sein de ses pays membres, de favoriser le retour des investisseurs nationaux et étrangers. Et ce par l'unification du droits des affaires et la promotion de l'arbitrage au sein de la Cour Commune de Justice et d'Arbitrage.

OMC (Organisation Mondiale du Commerce). Créée en 1995, l'OMC, qui succède au GATT, a quatre missions principales : arbitrer les conflits commerciaux entre Etats, contrôler les accords de libre-échange mis en place par l'Acte final de l'Uruguay Round, élargir les champs du libre-échange à de nouveaux domaines par l'ouverture de cycles de négociations et faire le bilan des politiques commerciales des États membres.

ONUDI (Organisation des Nations Unies pour le Développement Industriel). Créée en 1966, et devenue une institution spécialisée en 1986, elle doit promouvoir et aider le développement industriel des pays en développement, avec une priorité vers les pays les plus pauvres. Elle est membre des Nations-Unies.

OPEP (Organisation des Pays Exportateurs du Pétrole). Créée en 1960 l'OPEP siège à Vienne et regroupe onze pays, à savoir l'Arabie saoudite, l'Irak, l'Iran, le Koweït, le Venezuela, le Qatar, l'Indonésie, la Libye, les Emirats Arabes Unis, l'Algérie et le Nigeria. Elle a pour objectif de coordonner les politiques pétrolières des Etats membres, à la fois pour rentabiliser les investissements des producteurs et assurer l'approvisionnement des consommateurs.

Pays ACP (Afrique, Caraïbes, Pacifique). Le Groupe ACP est une organisation intergouvernementale dont le siège est à Bruxelles qui a été institutionnalisée par l'Accord de Georgetown (Guyana) de 1975. Il regroupe 79 pays d'Afrique, des Caraïbes et du Pacifique, qui ont conclu un partenariat avec l'Union Européenne visant à appuyer les politiques de développement et de réduction de la pauvreté.

PMA (Pays les Moins Avancés) / LDC (Less Developed Countries). Les PMA correspondent à une catégorie définie par la CNUCED sur la base de trois critères : le PIB (produit intérieur brut) par habitant, la part des industries manufacturières dans le PIB et le taux d'alphabétisation.

Le groupe des PMA, qui ne recensait que 25 pays à sa création par les Nations Unies en 1971, en compte 49 en 2004, dont 34 en Afrique. Cette catégorie de pays est constituée sur la base des critères suivants : bas revenu national (produit intérieur brut par habitant avec un seuil d'entrée à 900 dollars), faible niveau de développement du capital humain (indice composite incorporant des indicateurs de santé, de nutrition et d'éducation) et vulnérabilité économique (indice composite incorporant des indicateurs sur l'instabilité, la production et les exportations agricoles, le manque de diversification, et le handicap d'être un petit pays). En outre, pour être admissible dans la catégorie des PMA, le nombre d'habitants ne doit pas dépasser 75 millions.

PPTE (Pays Pauvres Très Endettés) / HIPC (Heavily Indebted Poor Countries). Les PPTE sont au nombre de 42, dont 34 en Afrique subsaharienne, 4 en Amérique latine (la Bolivie, Guyana, le Honduras et le Nicaragua), et 3 en Asie (la Birmanie, le Laos et le Vietnam). Plusieurs critères ont été définis pour accéder au statut de PPTE : une dette « insoutenable » (rapport du volume de la dette compris entre 200 et 250% du PIB, rapport du service de la dette aux exportations compris entre 20 et 25%) et un PIB (produit intérieur brut) annuel par habitant inférieur à 875 dollars. L'initiative PPTE, mise en place en 1996 et renforcée en septembre 1999, est une initiative commune de la Banque Mondiale et du FMI, destinée à alléger la dette des pays très pauvres et très endettés qui appliquent des programmes d'ajustement et de lutte contre la pauvreté.

Pays créanciers participants. Il s'agit des pays créanciers qui signent le procès verbal agréé. Ils peuvent être des membres permanents du Club de Paris ou bien des créanciers occasionnels.

Période de Consolidation. Changement d'échéancier donnant lieu à l'établissement d'un nouveau calendrier de paiement avec possibilité de redéfinition de l'amortissement. La période de consolidation définit, lors d'un accord de réaménagement des flux, les dates entre lesquelles les échéances doivent se trouver pour pouvoir être traitées. Ainsi, le 24 janvier 2001, le Club de Paris a accordé au Cameroun un traitement de ses échéances dues entre 2001 et 2003.

Point d'achèvement. Dans le cadre de l'initiative pour les pays pauvres très endettés, dite PPTE, la communauté internationale s'engage à une date précise appelée « point d'achèvement » à fournir une aide suffisante pour permettre au pays d'atteindre un niveau d'endettement soutenable.

Point de décision. Dans le cadre de l'initiative PPTE, les conseils d'administration du FMI et de la Banque Mondiale décident de l'éligibilité d'un pays au « point de décision ». La communauté internationale s'engage alors à fournir une aide suffisante lors de l'atteinte du « point d'achèvement » pour permettre au pays d'avoir un niveau d'endettement soutenable calculé au « point de décision ».

Principal, intérêts et arriérés. La dette peut être divisée en principal, intérêts et arriérés. L'utilité de cette distinction est qu'elle permet d'analyser la structure de la dette et ainsi de définir l'origine du poids de la dette (intérêts ou principal) pour mieux pouvoir la traiter.

Procès-verbal agréé. Les pays créanciers participants ainsi que le pays débiteur signent généralement un procès verbal agréé à la clôture de la session de négociations. Ce document n'a pas valeur juridique mais constitue une recommandation des chefs de délégations des pays créanciers participants à leurs gouvernements à conclure un accord bilatéral organisant le traitement de la dette. Quand peu de créanciers sont concernés, l'accord est échangé par courrier entre la présidence du Club de Paris et le pays débiteur et est alors dénommé « Termes de références ». Dans certains cas, le traitement de dette multilatéral a aussi pris le nom de « Memorandum of Understanding ».

PNUD (Programme des Nations Unies pour le Développement) / UNDP (United Nations Development Programme). Créé en 1965, le PNUD est le principal organe d'assistance technique de l'ONU. Il aide les pays en développement à se doter de services administratifs et techniques de base, forme des cadres, pilote des programmes de coopération régionale, et coordonne, en principe, les activités sur place de l'ensemble des programmes opérationnels des Nations unies. Le PNUD publie annuellement un Rapport sur le développement humain qui classe notamment les pays selon l'Indicateur de développement humain (IDH).

Quote-part. Les quotes-parts génèrent l'essentiel des ressources financières du FMI. Chaque pays membre se voit attribuer une quote-part sur la base de son importance relative dans l'économie mondiale. La quote-part d'un pays membre détermine le montant maximum de ressources financières que le pays s'engage à fournir au FMI et le nombre de voix qui lui est attribué, et détermine le montant de l'aide financière qu'il peut obtenir du FMI.

Réduction de la dette, DR. Dans le cadre d'un traitement concessionnel, chaque créancier peut généralement choisir entre plusieurs options afin d'atteindre la réduction requise de la valeur actuelle nette de la créance qu'il détient. S'il choisit l'option « DR », la diminution de la valeur actuelle nette de la dette s'effectue au travers d'une annulation d'une partie de son montant.

Rééchelonnement final (ou de sortie). Un traitement final est le dernier rééchelonnement dont bénéficie normalement le débiteur auprès du Club de Paris. Son objectif est de s'assurer que le pays débiteur sortira du cycle des rééchelonnements et ne reviendra pas pour des négociations avec le Club de Paris.

Réduction du Service de la Dette (DSR). Dans le cadre d'un traitement concessionnel, chaque créancier peut généralement choisir entre plusieurs options afin d'atteindre la réduction requise de la valeur actuelle nette de la créance qu'il détient. S'il choisit l'option DSR, la diminution de la valeur actuelle nette de la créance s'effectue au moyen de son rééchelonnement à un taux d'intérêt plus faible que le taux de marché approprié.

Rééchelonnement. Ce terme peut signifier: a) consolidation, modification des conditions de remboursement d'une dette; b) par opposition à un traitement concessionnel, consolidation non

concessionnelle; c) par opposition à un différé ou à un reprofilage, part de la dette consolidée dont la maturité est la plus longue; d) par opposition à un refinancement, consolidation par modification des termes des contrats de la dette existante.
Il s'agit généralement de l'ajournement des charges relatives aux engagements afin de différer les transferts pendant une période de grâce stipulée dans l'accord de réaménagement. Les termes rééchelonnement et consolidation sont parfois employés comme des synonymes.

Refinancement. Pour appliquer les termes d'un accord du Club de Paris, les pays créanciers ont la possibilité de choisir entre un refinancement (ouverture d'un nouveau crédit qui est utilisé pour rembourser la dette existante) et une modification des termes contractuels de la dette existante (rééchelonnement).

Reprofilage. Dans un accord du Club de Paris, une partie de la dette peut être reprofilée sur une durée de quelques années au lieu d'une période plus longue. La durée d'un reprofilage est intermédiaire entre celle d'un différé et celle d'un rééchelonnement de long terme.

SEE (Société pour l'Expansion des Exportations) devenue EDC (Exportation et Développement Canada). Il offre aux exportateurs canadiens des services de gestion des risques, de financement, d'assurance et de cautionnement.

SFI (Société Financière Internationale) / IFC (International Finance Corporation). Institution spécialisée appartenant au Groupe de la Banque Mondiale, elle a été créée en 1956 afin de compléter l'action de la BIRD, pour favoriser les investissements privés dans les pays en développement. Elle intervient surtout en Amérique latine et, dans une moindre mesure, en Asie et en Europe centrale et orientale.

Taux approprié de marché. Taux d'intérêt défini par un accord bilatéral d'application d'un procès verbal agréé du Club de Paris ; il correspond au taux d'intérêt en vigueur sur la devise considérée auquel est ajoutée une commission de gestion. Ce taux qui peut être fixe ou variable n'inclut pas de prime pour le risque pays.

Termes de référence. Lorsqu'il n'y a que quelques créanciers concernés par un traitement de la dette, l'accord du Club de Paris n'est pas appelé procès verbal agréé, mais « termes de référence ». Les conditions du traitement sont alors définies dans un simple échange de lettres entre le président du Club de Paris et le gouvernement du pays débiteur.

Topping-up. Il s'agit d'une augmentation du niveau de réduction de la dette, dans le cadre d'un nouveau traitement de dette déjà annulée en partie (par exemple en augmentant le niveau d'annulation des 33,33% des termes de Toronto aux 67% des termes de Naples).

Traitement concessionnel, concessionnalité. La concessionnalité peut correspondre soit à une annulation d'une partie des créances, soit à un rééchelonnement de la dette sur une longue période à un taux d'intérêt inférieur au taux de marché approprié. On parle de concessionnalité lorsque le traitement de la dette se traduit par une diminution de sa valeur actuelle nette.

Traitement de flux. Un accord standard du Club de Paris permet d'alléger durant un certain temps le service de la dette d'un pays qui connaît des difficultés temporaires de balance des paiements. On parle alors de traitement de flux par opposition à un traitement de stock.

Traitement de stock. A la différence des traitements de flux standards, certains accords du Club de Paris ne s'appliquent pas uniquement aux échéances d'une période particulière mais à l'ensemble du stock de la dette. Un accord traitant le stock de la dette a pour objectif de constituer le dernier traitement de la dette due au Club de paris, qui est alors appelé « rééchelonnement final ».

Traitement, restructuration ou réaménagement de la dette. Ensemble des mesures de rééchelonnement et d'annulation accordées.

U.A. (Union Africaine). Forte de 52 membres elle est née le 9 septembre 1999 après l'adoption de la déclaration de Syrte par les Chefs d'Etats et de gouvernements des pays membres de l'Organisation de l'Unité Africaine. Les objectifs de l'UA sont de réaliser une plus grande unité et solidarité entre les pays africains et entre les peuples d'Afrique, de défendre la souveraineté, l'intégrité territoriale et l'indépendance de ses Etats membres, d'accélérer l'intégration politique et socio-économique du continent, de promouvoir et défendre les postions africaines communes sur les questions d'intérêt pour le continent et ses peuples, de favoriser la coopération internationale, en tenant dûment compte de la Charte des Nations Unies et de la Déclaration universelle des droits de l'homme, de promouvoir la paix, la sécurité et la stabilité sur le continent, de promouvoir les principes et les institutions démocratiques, la participation populaire et la bonne gouvernance, de promouvoir et protéger les droits de l'homme et des peuples conformément à la Charte africaine des droits de l'homme et des peuples et aux autres instruments pertinents relatifs aux droits de l'homme, de créer les conditions appropriées permettant au continent de jouer le rôle qui est le sien dans l'économie mondiale et dans les négociations internationales, de promouvoir le développement durable aux plans économique, social et culturel, ainsi que l'intégration des économies africaines, de promouvoir la coopération et le développement dans tous les domaines de l'activité humaine en vue de relever le niveau de vie des peuples africains, de coordonner et harmoniser les politiques entre les Communautés économiques régionales existantes et futures en vue de la réalisation graduelle des objectifs de l'Union, d'accélérer le développement du continent par la promotion de la recherche dans tous les domaines, en particulier en science et en technologie, d'œuvre de concert avec les partenaires internationaux compétents en vue de l'éradication des maladies évitables et de la promotion de la santé sur le continent.

UEMOA (Union Economique et Monétaire de l'Afrique de l'Ouest). Créée en 1994 elle compte comme membres le Bénin, le Burkina Faso, la Côte d'Ivoire, la Guinée Bissau, le Mali, le Niger, le Sénégal et le Togo. Elle est composée de la BCEAO (Banque Centrale des Etats de l'Afrique de l'Ouest) et de la BOAD (Banque Ouest Africaine de Développement).

Valeur actuelle nette. La valeur actuelle nette (VAN) d'une dette est une mesure du degré de concessionnalité de cette dette. Elle se définit comme la somme actualisée au taux de marché approprié des annuités (intérêt et principal) restant à courir sur une dette existante. Ainsi, dès lors que le taux d'intérêt appliqué à un prêt est inférieur au taux de marché, la VAN de celui-ci est inférieure à sa valeur nominale.

TABLE DES MATIERES

AFRIQUE FRANCOPHONE ET DÉVELOPPEMENT DU SPORT DU MYTHE À LA RÉALITÉ ?

Sous la direction de Patrick BOUCHET et Mohammed KAACH

Maintenant que le sport moderne, introduit par la colonisation, fait partie de la vie des citoyens de l'Afrique francophone, peut-il contribuer au développement économique et social de ces pays ou demeure-t-il un mythe ? Il est aujourd'hui difficile de répondre entre la volonté de certains dirigeants de ces nations de développer le sport selon les valeurs occidentales, d'élus politiques qui désirent concilier valeurs traditionnelles de l'Afrique avec une gestion moderne du sport, et certains régimes "islamistes" qui refusent les modèles issus de l'idéologie libérale. Cette recherche s'articule autour de 3 thèmes : les politiques nationales, le tourisme et le loisir sportif, les spectacles sportifs et le professionnalisme.

(30,50 €, 354 p) *ISBN 2-7475-6257-3*

AUX SOURCES DU FLEUVE CONGO. Carnets du Katanga (1890-1893)

BRIART Paul, édité par Dominique RYELANDT

A la fin du XIXè siècle, Paul Briart voyagea jusqu'aux sources du Lualaba (le fleuve Congo à sa naissance) comme médecin d'une expédition belge, dont le but trompetté était "d'apporter la civilisation aux nègres" tout en les débarrassant des traiteurs "arabes" ou plutôt arabisés. Conquête et exploitation coloniale supposent le mépris du colonisé. Les carnets de Briart sont représentatifs de ce mépris général. Témoin neutre, il considère l'esclavage comme une fatalité, les pacifications comme nécessaires.

(Coll. Congo-Zaïre - Histoire et Société, 30 €, 370 p) *ISBN 2-7475-4861-9*

LE CAMEROUN. Arts, histoire et traditions

PUEPI Bernard, NJOMGANG Henri

"Le Cameroun tel qu'il est" : ce livre met à nu la nature réelle de ce pays de l'Afrique centrale. Il vient combler le déficit en matière d'informations abondantes et fiables sur les trésors touristiques et artistiques dont regorge le pays et sur sa richesse culturelle ; les potentialités économiques ne sont pas en reste. L'ouvrage inscrit le lecteur à l'école de nos traditions, aux cours d'histoire, de géographie, d'économie, d'ethnographie, d'ethnologie, d'anthropologie, etc.

(21,50 €, 200 p) *ISBN 2-7475-5602-6*

CAMEROUN : ART ET ARCHITECTURE
suivi de l'art de la sculpture

MOUSSIMA NJANJO Henri

Sans doute le public actuel connaît-il avant tout l'art du Cameroun, des Bamoun, Bamiléké, Mousgoun, Matakam et des autres peuplades africaines par l'impact qu'ils ont eu sur la culture moderne et les traductions qu'en ont données Picasso, Braque ou Modigliani. Ces arts dits "primitifs" se confondent pourtant sur un ensemble de

présupposés, de contextes culturels, sur des histoires, des visions du monde absolument autres. Cet ouvrage ouvre un chapitre d'histoire de l'art et de l'architecture.
(Coll. Pages Africaines, 9.50 €, 60 p) *ISBN 2-7475-5359-0*

LA CHANSON SCOLAIRE AU CONGO BELGE. Anthologie
KITA K. MASANDI Pierre, DEPAEPE Marc. Préfacé par Filip De BOECK
L'administration belge a fortement contrôlé et assujetti les populations colonisées, l'école missionnaire a massivement entrepris un endoctrinement moral, spirituel et politique. Et la chanson en était sûrement le vecteur le plus répandu et d'une redoutable efficacité. Ce livre est une anthropologie de chansons scolaires utilisées en divers endroits du pays et en diverses langues régionales.
(Coll. Mémoires lieux de savoir - Archive congolaise, 19 €, 224 p)
ISBN 2-7475-5692-1

LA CHRISTIANISATION DE L'OUEST-VOLTA
Action missionnaire et réaction africaine. 1927-1960
SOME Magloire. Préface Professeur Michel MESLIN
Cette étude sur la christianisation du Burkina occidental analyse l'action missionnaire en Afrique et pointe une collaboration de fait entre administrateurs et missionnaires. L'auteur montre comment l'évangélisation dans un contexte de domination coloniale oppressive a pu constituer une subversion de l'ordre colonial et provoquer des affrontements entre autorités coloniales et missionnaires. Il porte un intérêt particulier aux rivalités confessionnelles entre catholiques et protestants anglo-saxons, suscitant le nationalisme français ; et entre chrétiens et musulmans, conduisant au réveil politique de l'islam.
(Coll. Etudes africaines, 42.50 €, 516 p) *ISBN 2-7475-6279-4*

CITADINS ET DÉVELOPPEMENT DES CAMPAGNES AU CAMEROUN
FODOUOP Kengne. Préface de Pierre VENNETIER
Au Cameroun, les citadins jouent un rôle important dans le développement des campagnes. Depuis le début de la crise économique en cours, ils y représentent un puissant facteur de mutation de l'agriculture et d'amélioration des conditions de vie. L'ouvrage aborde cette question à la lumière des recherches bibliographiques et d'une longue pratique de terrain. Lancées au début des années 1950, les initiatives des citadins en faveur du monde rural au Cameroun ne cessent de s'étendre, sous forme d'aide en espèces, en nature, de commerces, de routes, de formations scolaires et sanitaires...
(Coll. Etudes Africaines, 20,50 €, 230 p) *ISBN 2-7475-4903-8*

LE CONGO-BRAZZAVILLE DE L'ÉTAT POSTCOLONIAL À L'ÉTAT MULTINATIONAL
GOUEMO Régis
Le passage de l'Etat post-colonial à l'Etat multinational constitue la seule alternative à la construction de l'Etat et de la nation, inexistante à l'heure actuelle en Afrique au Sud du Sahara. L'exemple du Congo-Brazzaville montre que l'Etat multinational est fondé sur une nouvelle rationalité : l'intégration de tous les facteurs juridiques et politiques négateurs de l'Etat-nation. La problématique novatrice de l'Etat

multinational, qui réconcilie les nations jadis désétatisées, dans des Etats- a-nationaux en fait la construction que l'Afrique se doit d'expérimenter durant le 21è siècle.
(Coll. Etudes Africaines, 22,50 €, 268 p) *ISBN 2-7475-5968-8*

LA DÉMOCRATIE ET SES BLOCAGES AU CONGO-KINSHASA DE 1958 À NOS JOURS
TSHIMANGA BAKADIABABU Evariste
Le système démocratique est devenu une exigence et une valeur universelles car il est censé favoriser la stabilité politique, la paix civile durable, le développement économique d'un pays et la garantie de sa "bonne gouvernance". De ce point de vue, cet ouvrage analyse la situation du Congo-Kinshasa depuis les dernières années de sa période coloniale à aujourd'hui. L'auteur s'est efforcé d'identifier les facteurs considérés comme des blocages successifs à l'avènement d'une société congolaise démocratique.
(Coll. Points de vue concrets, 22 €, 270 p) *ISBN 2-7475-5688-3*

LA DIVERSITÉ DU FRANÇAIS ET L'ENSEIGNEMENT DE LA LANGUE EN AFRIQUE
KWOFIE Emmanuel N.
Cet ouvrage s'inscrit dans le cadre des études sur le français en francophonie, mais sans se limiter aux pays francophones. Grâce à des notices décrivant pays par pays, à partir d'exemples significatifs, quelques particularités du français en Afrique, il présente une réflexion sur les grands thèmes du contact entre le français et les langues autochtones: les rapports entre "le français d'Afrique " et la langue française, la notion controversée de "français d'Afrique", l'opportunité d'adopter ce français d'Afrique, les méthodes d'enseignement à adopter ainsi que les matériels pédagogiques à élaborer.
(Coll. Etudes Africaines, 16 €, 180 p) *ISBN 2-7475-6473-8*

EPOPÉES AFRICAINES. Ndiadiane Ndiaye et El Hadj Omar Tall
DIOP Samba. Préface de Jacques CHEVRIER
Voici l'épopée de Ndiadiane Ndiaye recueillie auprès d'un griot wolof. Elle constitue une réécriture de l'épisode biblique relatant le déluge. Le mythe de Cham sert de point de départ à la généalogie de Ndiadiane Ndiaye fondateur de la nation wolof, puis l'épopée d'El Hadj Omar en wolof et en français. Cette geste qui raconte la vie et les actes d'El Hadj Omar est très connue de toute l'Afrique de l'Ouest. Deux textes épiques au confluent de trois cultures : l'africaine, l'arabo-islamique, l'européenne.
(Coll. Etudes Africaines, 17,50 €, 202 p) *ISBN 2-7475-5713-8*

GUIDE DES ÉTUDES AFRICAINES
LOMBARD Raphaele
Comment orienter ses études vers la recherche sur l'Afrique ? A quelle université s'adresser pour poursuivre un cursus en droit africain ? Comment obtenir des informations récentes sur le développement d'un pays ? Ce guide des études africaines a été rédigé pour aider à répondre à ces questions. Se présentant comme un petit annuaire, il répertorie un certain nombre de centres de recherche et d'associations à travers toute la France, de bibliothèques et centres de documentation, ayant pour point commun leur intérêt pour l'Afrique subsaharienne.
(13 €, 138 p) *ISBN 2-7475-6125-9*

LETTRE DISCOURTOISE AUX SOUVERAINETÉS AFRICAINES

HAZOUME Alain et Edgard

Au-delà de l'absurdité, que peuvent bien nous apprendre les autocrates africains ? Rien moins que ce qui symbolise ce continent, au travers d'une demi-siècle d'histoire : l'emprise obsessionnelle de ses dirigeants, la volatilité de son génie, la permanence de son immobilisme. Se projetant avec frénésie dans ce qu'elle croit être les chemins de l'avenir, l'Afrique demeure engluée dans les marécages de son passé. Ses blessures, ses antagonismes, ses faiblesses sont les mêmes. D'où l'absolue nécessité de visiter sa mémoire, d'explorer ses torpeurs afin de mettre à jour les gisements d'un véritable renouveau.

(Coll. Etudes Africaines, 16 €, 170 p) *ISBN 2-7475-5324-8*

LES MÉDIAS FACE À LA CONSTRUCTION DE L'ETAT-NATION EN AFRIQUE NOIRE : UN DÉFI QUOTIDIEN AU CAMEROUN

FOUDA Vincent Sosthène

La collusion entre le politique et les médias est un ressort majeur de l'histoire de l'Afrique noire. A partir d'un cas particulier, le Cameroun, l'auteur étudie en amont l'apport des médias dans l'émergence de l'identité nationale. Il interroge successivement les médias sur leur contribution active ou passive à la naissance d'un Etat-Nation au Cameroun, afin de comprendre à une échelle continentale les causes du dysfonctionnement et / ou les raisons de la dynamique des Etats-Nations issus de la décolonisation.

(Coll. Etudes africaines, 16 €, 180 p) *ISBN 2-7475-5401-5*

LA MORT DES DIX CASQUES BLEUS BELGES À KIGALI

Le "belgocentrisme" dans la crise rwandaise

VINCELET Christophe

Le 7 avril 1994, au lendemain de l'assassinat du président rwandais Habyarimana, dix casques bleus belges périssent, lynchés par des soldats rwandais à Kigali. L'opinion publique belge réclame la vérité. Déjà affaibli par les scandales politico-financiers, le gouvernement Dehaene fait difficilement face aux critiques. Cet événement de politique internationale se transforme en un problème "belgocentré" et révèle une profonde crise interne belge. Nourri de nombreuses sources, enrichi d'entretiens avec quelques acteurs de l'événement, l'auteur décrypte un épisode de l'histoire récente de la Belgique.

(20,50 €, 250 p) *ISBN 2-7475-4863-5*

ONOMASTIQUE ET HISTOIRE AU CONGO-BRAZZAVILLE

NDINGA MBO Abraham Constant

L'onomastique, science des noms, peut fournir un matériau d'analyse précieux, non seulement aux linguistes, mais aussi aux autres spécialistes de l'évolution et des contacts entre cultures et civilisations. L'apport de l'onomastique à la recherche historiographique africaine est appliqué au cas du Congo-Brazzaville. Ainsi Brazzaville peut être décrite à partir de l'appellation donnée à ses quartiers, ses marchés, ses cimetières, ses rues, avenues, places, ses monuments et autres endroits

mémorables. L'auteur a enquêté aussi sur les noms des villages et les patronymes, en pays kongo, laari, nsundi, teke et ngala.
(Coll. Etudes Africaines, 20,50 €, 228 p) *ISBN 2-7475-4866-X*

LA PETITE NOIRE, FILLE DE LA FORÊT, ET LE DIPLOMATE
EVOZO'O MVONDO Marie-José, COMES Jean-Pierre
Marie-José Evezo'o Mvôndo, née à Ebolowa au Cameroun où elle a passé toute sa jeunesse a connu Jean-Pierre Cômes alors en poste à l'ambassade de France. Quelques années plus tard, elle l'a rejoint en France et épousé. Jetant un regard différent sur les Noirs, sur leurs traditions et leurs croyances, ils font entendre deux voix qui parfois se séparent, qui se retrouvent aussi pour se confondre presque et exprimer leur amour de l'Afrique. A travers l'histoire de ce couple, c'est un regard autre, souvent critique, qui est porté sur l'Afrique, n'épargnant ni ces nouveaux pays, ni les anciens colonisateurs, ni l'attitude des pays les plus riches.
(27 €, 298 p) *ISBN 2-7475-5708-1*

POUR UNE PENSÉE AFRICAINE ÉMANCIPATRICE
Les conditions d'existence d'une philosophie africaine émancipatrice font toujours débat. Au-delà du rejet de l'européocentrisme, ce discours devra s'affirmer comme une conscience critique du savoir et de l'agir social, une philosophie autonome, à la fois ancrée en Afrique et ouverte à l'autre. Les problématiques de l'éducation, de l'usage des langues vernaculaires, du dialogue interculturel, du genre, de la démocratie et des conditions de "renaissance" du continent comptent parmi les chantiers les plus importants d'une pensée africaine émancipée.
(Coll. Points de vue du Sud, 17,50 €, 192 p) *ISBN 2-7475-6135-6*

LE PUTSCH DE BOKASSA. Histoire secrète
FRANCAIS Jean
En publiant le récit du coup d'état survenu en 1965 à Bangui, la nuit de la Saint-Sylvestre, l'auteur, dernier survivant des cinq acteurs de son histoire secrète s'est senti tenu de rétablir la vérité. Il souligne les vives difficultés que soulevait la décolonisation sur un continent où l'Etat a précédé la Nation. Il fait ressortir l'importance qu'ont revêtue les relations de confiance affective qui s'établirent fréquemment entre les "Pères fondateurs" et "leurs" Ambassadeurs.
(Coll. Mémoires Africaines Centrafrique, 12 €, 130 p) *ISBN 2-7475-5693-X*

REGARDS SUR LA PRESSE CONGOLAISE
Du Congo belge à celui des Kabila sans oublier le Zaïre de Mobutu
PALABRES N° 10
Des publications belges du dix-neuvième siècle livrant les récits des "découvreurs" à la floraison actuelle des titres, stations de radio ou chaînes de télévision, Palabres fournit quelques repères permettant de survoler la saga de cette presse congolaise souvent tolérée et censurée, parfois révoltée et servile, continuellement courtisée et désargentée, quelquefois courageuse et vénale, mais toujours dynamique. Et comment la presse belge actuelle rend-elle compte de l'actualité congolaise ? Fait-elle preuve de "maternage" ou de "paternalisme" ? Livre-t-elle une information honnête susceptible d'éclairer l'opinion ?
(16 €, 182 p) *ISBN 2-7475-5737-5*

www.ingramcontent.com/pod-product-compliance
Lightning Source LLC
LaVergne TN
LVHW010936051026
849532LV00003B/1010
* 9 7 8 2 7 4 7 5 9 0 8 6 0 *